休闲研究专著系列

自然保护区生态旅游资源价值研究

王朋薇　著

上海交通大学出版社
SHANGHAI JIAO TONG UNIVERSITY PRESS

内容提要

本书以达赉湖自然保护区为例,使用条件价值法、旅行费用法和协商货币评估法评估了达赉湖自然保护区生态旅游资源价值。在条件价值法的使用中,采用6种处理方式对被调查者不确定性进行处理,同时引入了真实模型,减少了条件价值法的虚拟偏差。探索了协商式货币评估法在减少被调查者抗议性回复和提高被调查者学习效果方面的作用,提高了资源价值评估的有效性,开创了一种较新的货币价值表达和阐释方式。在此基础上,探讨了保护区生态旅游资源价值的提升路径。本书以自然保护区、生态旅游以及环境资源方面的相关研究人员及专家学者为主要读者。

图书在版编目(CIP)数据

自然保护区生态旅游资源价值研究/ 王朋薇著. ——
上海: 上海交通大学出版社,2021
ISBN 978 - 7 - 313 - 24924 - 1

Ⅰ.①自⋯ Ⅱ.①王⋯ Ⅲ.①呼伦湖−自然保护区−
生态旅游−旅游资源−资源价值−研究 Ⅳ.
①F592.726.3

中国版本图书馆 CIP 数据核字(2021)第 087359 号

自然保护区生态旅游资源价值研究
ZIRAN BAOHUQU SHENGTAI LÜYOU ZIYUAN JIAZHI YANJIU

著　　者:	王朋薇			
出版发行:	上海交通大学出版社	地　　址:	上海市番禺路 951 号
邮政编码:	200030	电　　话:	021 - 64071208
印　　制:	上海天地海设计印刷有限公司	经　　销:	全国新华书店
开　　本:	710 mm×1000 mm　1/16	印　　张:	11.75
字　　数:	203 千字		
版　　次:	2021 年 5 月第 1 版	印　　次:	2021 年 5 月第 1 次印刷
书　　号:	ISBN 978 - 7 - 313 - 24924 - 1		
定　　价:	58.00 元		

序　言

自 1956 年建立第一个自然保护区——广东鼎湖山自然保护区以来,中国的自然保护区建设不断发展,取得了巨大成就。现有自然保护区的数量与面积都已位居世界前列,奠定了中国以自然保护为核心的生态文明建设工作基础。2019 年,中共中央办公厅、国务院办公厅印发了《关于建立以国家公园为主体的自然保护地体系的指导意见》,明确提出建设中国特色的以国家公园为主体的自然保护地体系。自然保护区作为自然保护地体系重要组成部分,将在推进美丽中国建设、维护国家生态安全中发挥越来越重要的作用。

与此同时,在中国自然保护区事业发展的过程中,依然存在着一些需要解决的问题。由于自然因素以及过度开发、对自然保护区各类价值认识不足等原因,部分自然保护区的资源环境受到了较大的破坏,严重制约着自然保护区的健康发展。科学评价包括生态旅游资源价值在内的自然保护区生态系统服务价值,有利于正确认识自然资源对人类的重要性,进一步树立和贯彻绿水青山就是金山银山的生态文明理念,推动制定正确的资源保护和利用政策,实现人与自然和谐与社会经济可持续发展。

本书以内蒙古自治区达赉湖自然保护区为对象,使用条件价值法、旅行费用法和协商货币评估法系统地开展了达赉湖自然保护区生态旅游资源价值评估研究。并对传统的评估方法进行了改进和优化。第一,在条件价值法评估中,采用 6 种方式对被调查者不确定性进行处理,同时引入了真实模型,减少了条件价值法的虚拟偏差,从而获得了更有效的评估结果。第二,将协商式货币评估法引入自然保护区资源价值评估中,探讨了协商货币评估法在减少被调查者抗议性回复和提高被调查者学习效果方面的作用,提高了资源价值评估的有效性,开创了一种较新的货币价值表达和阐释方式。

因协商货币评估法与传统的货币评估法存在交叉,并且考虑到资源价值的多元性,协商货币评估法在使用过程中还面临诸多问题。如何解决这些问题,使协商货币评估法在中国环境资源价值评估中发挥重要的作用,使其真正成为评估环境资源价值的有效方法将是未来重要的议题和研究方向。

本书的出版,对于探索更有效的环境资源价值评估方法,进一步完善环境资源经济价值理论体系具有重要理论意义;还有助于正确认识自然保护区环境资源价值,为资源保护利用政策制定与管理实践提供支撑。期待本书能够起到抛砖引玉的作用,未来有越来越多的相关研究出现,不断完善自然保护区资源价值评估体系,正确识别自然资源对人类的价值,从而为我国自然保护地体系建设管理贡献力量。

中国科学院地理科学与资源研究所

前　言

随着人类社会的发展,人类社会经济发展对资源需求的无限性与资源满足这一需求能力的有限性之间的矛盾愈加明显,资源约束趋紧、环境污染严重、生态系统退化的形势愈加严峻,我们必须树立尊重自然、顺应自然、保护自然的生态文明理念,重视自然资本增值,树立自然价值和自然资本的理念。党的"十八大"报告提出了中国现代化建设"五位一体"的总体布局,要求面对资源约束趋紧、环境污染严重和生态系统退化的严峻形势,必须把生态文明建设放在突出地位,融入经济建设、政治建设、文化建设、社会建设各方面和全过程,努力建设美丽中国,实现中华民族永续发展。

自然保护区建设的目标是要深入贯彻落实科学发展观,规范人们自觉地尊重自然规律、珍爱自然,积极参与自然保护,实现维护国家生态安全、改善生态环境。需要着力解决人与自然和谐发展、自然保护与经济开发矛盾、国家生态安全与保护区居民生存发展利益冲突等重大问题,努力实现自然、经济、社会全面协调发展和持续繁荣。因此,自然保护区建设理念与生态文明理念是一脉相承的,加强自然保护建设是生态文明建设的重要内容和抓手。

自1956年建立第一个自然保护区以来,中国的自然保护区建设得到不断发展,取得了巨大成就。无论是现有自然保护区的数量,还是保护区面积都已位居世界前列,奠定了中国以自然保护为核心的生态文明建设工作基础。然而,不得不清醒地认识到,在中国自然保护区事业发展的过程中,依然存在着一些必须解决的问题。由于自然因素以及过度开发等原因,部分保护区的资源环境受到了较大的破坏,严重制约着自然保护区的健康发展。充分合理的评价自然保护区的生态旅游资源价值,有利于正确认识自然资源对人类的重要性,有利于进一步树立和贯彻绿水青山就是金山银山的生态文明理念,有利于制定正确的资源保护、利用政策,实现人与自然的和谐和社会的永续发展。当前,我国在自然保护区资源价值评估方面还不成熟,仍未形成得到认可的价值评估方法。本书以达赉湖自然保护区为对象,使用条件价值法、旅行费用法和协商货币评估法评估了达赉湖自然保护区生态旅游资源价值,研究结果如下。

(1) 游客在保护区停留时间较短,游客对保护区满意度有待提高,尤其是保护区环境卫生是游客最不满意的方面。游客对保护区的生态旅游资源和环境清洁度要求较高,而对娱乐设施的要求并不高。达赉湖自然保护区的一级客源市场较为分散,二级客源市场所占市场份额较少,边缘客源市场具有一定的不稳定性。

(2) 使用 CVM 对达赉湖自然保护区生态旅游资源的非使用价值进行了评估。研究结果表明:达赉湖自然保护区 2010 年生态旅游资源的非使用价值 0.46×10^8 元/年到 1.28×10^8 元/年。在真实情景下被调查者的支付意愿要小于虚拟情景下的支付意愿,在虚拟情景下被调查者支付意愿为 59 元/年,而在真实情景下支付意愿为 47 元/年。真实情景下所得 WTP 与以往研究结果有较大差距,说明虚拟情景下评估结果会夸大被调查者的支付意愿,真实情景的实验调查设计可以减少假想偏差。

(3) 本书对 CVM 的有效性和可靠性进行了检验。通过采用相同的调查问卷和相同的调查方式,分别在 2010 和 2011 年针对达赉湖自然保护区的游客和呼伦贝尔市的居民进行了调查,并将两次的 CVM 评估结果以及 CVM 和 TCM 的评估结果进行了比较。结果表明,CVM 具有良好的稳定性,但不具有良好的聚合有效性。

(4) 2014 年 5—10 月,对呼伦贝尔市居民进行调查,使用 CVM 对达赉湖自然保护区资源价值进行评估,采用 6 种处理方式对被调查者不确定性进行处理,并将每种处理方式与虚拟和真实支付情境进行比较。平均 WTP 结果表明 EXPOSURE 模型和 YES6 模型在真实模型 WTP 的 95% 的置信区间内。本研究的结果引入了真实模型,减少了虚拟偏差,从而获得了更有效的 WTP。

(5) 总结了协商货币评估法在国内外环境资源非使用价值评估中的应用。分析了环境资源价值评估的研究背景,研究内容以及在环境资源价值评估中的应用;总结了协商货币评估法面临的挑战,以及协商货币评估法在中国环境资源价值评估应用中的启示。研究结果表明在复杂的、不熟悉的环境资源评估中,协商能够帮助被调查者形成偏好,DMV更多地考虑了社会公平和多元价值,开创了一个较新的货币价值表达和阐释方式;DMV是一种有潜力的环境资源价值的评估方法。但因DMV与传统的货币评估法存在交叉,并且考虑到价值的多元性,DMV在使用过程中面临诸多挑战。如何解决这些挑战,使DMV在中国环境资源价值评估中发挥重要的作用,使其真正成为评估环境资源价值的有效方法将是未来重要的议题和研究方向。

(6)探讨了协商货币评估法在减少抗议性回复方面的作用。阐述了抗议性回复对于CVM有效性和可靠性的影响,总结了协商货币评估的优点以及在减少抗议性回复方面的作用,对比了CVM和DMV的研究结果,结果表明:DMV克服了CVM的一些局限性,尤其对于被调查者不熟悉或复杂的公共物品,在一定程度上解决了CVM存在的信息偏差、策略偏差、抗议性偏差等问题;相比CVM,DMV显著地减少了被调查者的抗议性回复(减少了72.2%),增加了被调查者积极支付意愿的比例,提高了被调查者的WTP。

(7)讨论了协商货币评估法在提高被调查者学习效果方面的作用。研究结果表明:协商货币评估法能够使被调查者意识到更深层次的价值,理解更复杂的观点,形成对文化生态系统服务的认同,促进被调查者超越直接的自我利益,从而更全面地揭示了被调查者的支付意愿;协商一定程度上可以取代被调查者知识和经验的不足,提高对环境和文化关系的学习和理解,进而可以基本消除由于地区差异和经验不足而引起的对资源环境价值的不完全认识。

(8)在评估达赉湖自然保护区的生态旅游资源使用价值和非使用价值的基础上,探讨了保护区生态旅游资源价值的提升路径,从严格保护、社区参与、生态安全、营销理念、体验经济五个角度分析了生态旅游资源价值提升的路径。

目　录

1

第1章 绪 论

1.1 选题背景和研究意义

1.1.1 选题背景

1.1.1.1 有利于促进生态旅游内涵式的发展

20世纪50年代以后,随着各国经济的发展,地球出现了资源短缺、生态环境恶化等问题。人类开始意识到,发展经济是要付出代价的,人类自身必须承担破坏环境的后果。因此,1972年Meadows等人发表了人类困境报告《增长的极限》(The Limits to Growth),指出如果经济增长模式不改,世界将面临一场灾难性崩溃。同年,113个国家及400多个非政府组织代表在瑞典联合国人类环境大会上通过了《人类环境宣言》(Declaration of United Nations Conference on Human Environment),提出了可持续发展(sustainable development)的新思路。1983年联合国还授命挪威女首相Gro Brundtland组建世界环境发展委员会(World Commission on Environment and Development),明确了可持续发展纲领,并在1987年发布报告《我们共同的未来》(Our Common Future),定义了可持续发展的概念。

为了响应国际上这一新的理念,同时也为了解决拉丁美洲地区发展的困境,1983年,墨西哥自然保护专家Ceballo Lascuráin创造性地使用了"生态旅游"(eco-tourism)一词。认为生态旅游不仅可以带来经济效益,还能通过让游人学习环境知识来自觉地保护自然环境。此后,随着生态旅游的大力宣传和推广,以及城市化进程的加快和人们生活方式的转变,国家公园和自然保护区等生态旅游目的地也受到了越来越多的关注和青睐,并成为旅游市场中越来越重要的组成部分。2006年,美国和英联邦国家的国家公园分别接待了生态旅游游人2.7亿和1.5亿人次,其中英联邦的加拿大就接待了3 000多万人次。尽管生态旅游在中国还处于有争议的初级阶段,但从游人的数量和潜力上看,仅九寨沟自然保

1

护区在 2000—2009 年的 10 年间,游人量就由 83 万人次上升到 252 万人次,前后增加了 3 倍。

从长远来看,生态旅游的性质必须符合可持续发展理念,因为后者提倡把对资源和环境的破坏降到最小,以及使当地居民直接受益。可遗憾的是,在很多情况下,人们往往忽略保护生态旅游赖以生存和发展的基础,即:生态旅游资源,而是去开发一些会降低资源价值的"项目",进而使旅游与环境保护的矛盾日益突出。经验和教训使人们逐渐意识到,生态旅游资源是有限的,不能无限制地开发和使用,而且急需对它们进行价值方面的评估,因为只有知道了它们的价值所在,才能唤起人们的责任感,才能让人们真正理解生态旅游与大众旅游的区别。

但是,要想真正给生态旅游资源赋予价值并不是一件容易的事,因为它们常常没有市场价格,无法用货币价值形式来加以比较。这不仅给生态旅游资源开发和环保投资带来一定难度,也使政策制定和实际管理无据可依。也正是由于这个原因,国际上一直在不断深化对生态旅游资源价值评估的研究,我国这方面的研究则显得非常薄弱,在研究方法、研究深度及研究实用性等方面都亟待加强。

1.1.1.2 有利于制定正确的资源保护、政策利用,实现人与自然的和谐和社会的永续发展

随着人类社会的发展,人类社会经济发展对资源需求的无限性与资源满足这一需求能力的有限性之间的矛盾愈加明显,资源约束趋紧、环境污染严重、生态系统退化的形势愈加严峻,我们必须树立尊重自然、顺应自然、保护自然的生态文明理念,重视自然资本增值,树立自然价值和自然资本的理念。党的"十八大"报告提出了中国现代化建设"五位一体"的总体布局,要求面对资源约束趋紧、环境污染严重和生态系统退化的严峻形势,必须把生态文明建设放在突出地位,融入经济建设、政治建设、文化建设、社会建设各方面和全过程,努力建设美丽中国,实现中华民族永续发展。

自然保护区建设的目标是要深入贯彻落实科学发展观,规范人们自觉地尊重自然规律、珍爱自然,积极参与自然保护,实现维护国家生态安全、改善生态环境。需要着力解决人与自然和谐发展、自然保护与经济开发矛盾、国家生态安全与保护区居民生存发展利益冲突等重大问题,努力实现自然、经济、社会全面协调发展和持续繁荣。因此,自然保护区建设理念与生态文明理念是一脉相承的,加强自然保护建设是生态文明建设的重要内容和抓手。

自 1956 年建立第一个自然保护区以来,中国的自然保护区建设得到不断发展,取得了巨大成就,无论是现有自然保护区的数量,还是保护区面积都已位居世界前列,奠定了中国以自然保护为核心的生态文明建设工作基础。然而,不得不清醒地认识到,在中国自然保护区事业发展的过程中,依然存在着一些必须解决的问题。由于自然因素以及过度开发等原因,部分保护区的资源环境受到了较大的破坏,严重制约着自然保护区的健康发展。充分合理的评价自然保护区的生态旅游资源价值,有利于正确认识自然资源对人类的重要性,有利于进一步树立和贯彻绿水青山就是金山银山的生态文明理念,有利于制定正确的资源保护、政策利用,实现人与自然的和谐和社会的永续发展。

1.1.1.3 目前的资源价值评估方法存在诸多问题

目前,资源价值评估方法诸多,如影子价格法、市场价格法、机会成本法等,但环境资源非使用价值评估应用最为广泛的是(Contingent Value Method, CVM),但 CVM 主要存在以下几个问题:① 根据本研究的前期研究可知,被调查者完成每张调查问卷的时间大约是 10~20 分钟,被调查者没有足够的时间去理解整个项目,因此可能不能准确地表达自己的支付意愿,对自己的支付意愿确定性不高。② 每个被调查者的社会经济背景是不同的,不论问卷多么完善,都不能保证每个被调查者获得他所需要的信息种类和数量,被调查者获得的信息不完全会影响其真实支付意愿的表达。③ 由于信息和时间的限制,被调查者不能够理解整个项目,导致较高抗议性回复的产生。Brouwer 研究发现如果被调查者事先讨论了被评估物品以及所构建的虚拟市场等问题,那么被调查者能够更加透彻地理解问卷和支付意愿,从而减少“抗议性支付”,提高 CVM 的有效性。因此,针对 CVM 的诸多缺点,一些研究进行了探索性改进,比如针对被调查者回答的确定性进行不同的处理,还有一些研究将协商干预方法被引入资源价值评估中,其中较为常用的是协商货币评估法(Deliberative Monetary Valuation,DMV),它是通过焦点小组、小组会议等形式,引导被调查者分享相关信息和知识,互相学习,交换各自观点,考虑行动方案,表达支付意愿。小组会议可以给被调查者足够的考虑时间并使被调查者获得更多的相关信息使其充分地理解调查问卷中的问题,从而可能能够引出被调查者的真实支付意愿。但是DMV 的小组会议应该如何组织、讨论过程应该如何设计等方面还存在诸多不同的意见,如应组织几次小组讨论会议、每次小组会议应该间隔多久、应该如何对小组会议进行引导管理等。

1.1.2 研究意义

自然生态是有价值的,保护自然就是增值自然价值和自然资本的过程,就是保护和发展生产力,就应得到合理回报和经济补偿。自然保护区生态旅游资源价值评估有助于推动自然保护区资源的货币化核算,更精确的解释政策的资源环境成本和收益;有助于进一步健全自然资本配置机制,挖掘生态产品的价值,拓宽生态产品价值实现机制;有助于进一步推进生态文明建设,贯彻落实绿水青山就是金山银山的理念,不断满足人民日益增长的优美生态环境需要。

保护区生态旅游资源价值包括使用价值和非使用价值两部分,目前国内外缺少一套得到广泛认可的,能够被各有关部门接受认可的自然保护区生态旅游资源价值评估方法。本书以达赉湖自然保护区为例,总结了目前资源环境价值评估方法存在的问题,在此基础上对自然保护区生态旅游资源价值评估方法进行改进和探索,以期进一步丰富资源价值相关理论,为未来政策制定提供理论指导。

从实践上看,探索更加合理的自然保护区生态旅游资源价值评估方法,将保护区生态旅游资源价值货币化,有利于进一步提高对自然保护区资源重要性的认识,正确处理好发展与保护的关系。在中国的现实中,自然保护区在建成之后常常会面临管理和运营资金问题。国家对自然保护区的投入有限,经费不足已经成为阻碍保护区健康发展的瓶颈。我国每个保护区的管理费用平均有近30%的缺口,严重影响了保护功能和作用的发挥。为了解决这个问题,许多保护区开始从事旅游活动,用于创收,同时也出现了门票乱定价、旅游经营权低价转让等诸多问题。因此,对保护区的生态旅游资源进行价值评估是非常必要的,它不仅可以帮助管理和决策者了解保护区旅游资源的价值潜力,也有助于建立有效的价值实现机制,提高公众的环境意识,促进资源的保护和可持续发展。

达赉湖自然保护区位于内蒙古自治区东北部,是一个以保护珍禽鸟类及其赖以生存的湖泊、草原和湿地等生态系统为主的综合性自然保护区。达赉湖自然保护区内的湿地及草原不仅是众多野生动物栖息、繁殖的优良场所,也是东北亚—澳洲水鸟迁徙的主要通道和驿站。更加重要的是,这里广阔的湿地和草原,在调节气候,涵养水源,防止荒漠化等方面起到至关重要的作用。同时,也为当地的社会经济发展提供物质基础。近些年来,由于连年干旱,过度放牧及对矿产、渔业、旅游等资源的过度利用,达赉湖湿地生态系统迅速衰退,野生动物栖息地大面积减小,涵养水源、防止荒漠化等功能下降,水土流失严重,生态环境遭到破坏。达赉湖自然保护区的保护与开发之间的矛盾开始出现,如何解决这种矛盾,是应该对达赉湖自然保护区的生态旅游资源进行恢复和保护还是应该继续对其进行无节制的资源开发和利用,为此有必要对达赉湖自然保护区资源环境的价值进行货币化评价,使保护与开发的价值对比成为可能。

1.2 研究目标和体系结构

1.2.1 研究目标

(1)使用条件价值法和旅行费用法评估达赉湖自然保护区生态旅游资源的使用价值和非使用价值,分析条件价值法存在的偏差,并进行有效性和可靠性检验。

(2)通过探索条件价值法中被调查者不确定性的影响因素,并比较被调查者不确定性的处理方法,以期能够进一步提高被调查者的确定性,并探索更加合理的不确定性处理方法,提高CVM在资源非使用价值评估中的有效性。

(3)采用两种协商干预框架,探究协商货币评估法(DMV)在减少被调查者抗议性回复、提高被调查者学习效果方面的作用,并与CVM的评估结果进行比较,为更加合理的协商干预框架的形成奠定基础,尝试性地探索更加有效的资源非使用价值评估方法。

1.2.2 体系结构

本书的研究结构主要分为10章。

第1章:介绍了选题背景和研究意义,研究目标和体系结构,研究国内外研究现状,技术路线和研究方法。

第2章:介绍相关的理论基础和概念界定。包括自然管理相关理论、自然资源管理的代表性理论和价值相关理论;生态旅游的源起、概念,生态旅游资源的概念和特点,生态旅游资源价值的概念与构成;生态旅游资源价值的评估方法。

第3章:从地理位置、资源情况、社会经济发展状况等方面介绍了达赉湖自然保护区的基本情况;从游客社会经济特征、旅游行为特征等方面对达赉湖自然保护区客源市场进行调查分析。

第4章:达赉湖自然保护区生态旅游资源非使用价值的评估。使用CVM评估达赉湖自然保护区的非使用价值。

第5章:介绍CVM偏差克服和评估检验。偏差包括嵌套偏差、顺序偏差、信息偏差、虚拟偏差、策略偏差、效益转移;从总体和样本的界定、样本规模的确定、抽样方式的选择和调查方法回收率等方面介绍 CVM 实施过程中可能存在的偏差;并对 CVM 进行有效性和可靠性检验。

第 6 章:条件价值法中被调查者不确定性影响因素及处理方法。本研究采用了重新编码和权重调整两种方法处理被调查者的不确定性,并通过 Hypotherical、Sure、Expsure、YES5、YES6、Real 等 6 种模型来分析被调查者的不确定性,Hypotherical 和 Real 模型作为基础模型,将其他模型与 Hypotherical 和 Real 模型分别进行比较,讨论各处理方法在提高 CVM 评估结果有效性方面的作用,对 CVM 可靠性进行检验。

第 7 章:协商货币评估法在环境资源价值评估中的应用。介绍了 DMV 的研究背景,主要的研究内容,DMV 在应用中面临的挑战,DMV 在中国应用中的启示。

第 8 章:协商货币评估法在减少抗议性回复方面的作用。在协商货币评估的实验设计中,采用了两个会议(间隔一周)引导被调查者对被评估资源进行讨论和协商,通过 CVM 的形式引出被调查者支付意愿。总结相比 CVM、DMV 在减少被调查者抗议性回复方面的作用,并对两者评估结果进行比较。

第 9 章:协商货币评估法在提高被调查者学习效果方面的作用。在协商货币评估的实验设计中,对被调查者采用了两次协商干预,引导被调查者进行讨论协商,探讨 DMV 在提高被调查者学习效果,使被调查者意识到资源环境深层次价值方面的作用,并与 CVM 评估结果进行比较。

第 10 章:自然保护区资源管理优化策略。达赉湖自然保护区生态旅游资源价值提升原则和提升路径。

1.3　国内外研究现状

1.3.1　陈述性偏好法是资源价值主要评估方法

目前资源价值评估最主要的方法是陈述性偏好法,陈述性偏好法最常见的是条件价值法(CVM)和选择实验法(CE),二者均是通过构建虚拟市场从而引出被调查者对某公共物品的支付意愿,被广泛用于环境成本—效益和环境影响的评估中。相比 CE,CVM 在我国应用更加广泛。CVM 是由 Ciriacy - Wantrup 首次提出,并认为 CVM 是一种引出被调查者意愿的可行方法。CVM 被广泛应用于濒危物种、生物多样性、城市绿地、空气质量、健康与福利、食品、环境质量、湿地保护、生态补偿(徐大伟,2013)、生态系统、遗产资源、旅游资源等领域,在许多国家的环境经济和政策中发挥了重要作用,但在我国其政策指导性还远远不够。

在资源价值评估中,CVM 只能解决资源环境质量整体变化状态的价值估计,而 CE 可以较好地解决环境和资源的多重生态属性之间的损益比较问题,CE 的研究结果可通过效益转移法应用于其他类似的资源环境物品的价值评估。因此,CE 被越来越多的应用到资源环境价值评估中。国外有关选择实验模型的研究成果十分丰富,系统性介绍经典模型方法的著作可见于 Hensher 等(2005)、Train(2009)、Green(2012)。此外,还有大量文献从不同理论视角和众多应用领域推动模型在广度和深度上的不断发展。国内对 CE 的研究起步较晚,关宏志(2004)、聂冲(2005)、翟国梁(2007)、樊辉(2013)对选择模型的基本原理进行了介绍和总结。在实证研究中 CE 得到了更广泛的应用,徐中民(2003)以黑河流域额济纳旗为例探究了环境选择模型在生态系统管理中的应用。而后选择实验被广泛应用到生态补偿、游憩资源等领域。

在我国,相比 CE,CVM 得到了更为广泛的应用。CVM 是由 Ciriacy - Wantrup 首次提出,并认为 CVM 是一种引出被调查者意愿的可行方法。目前,CVM 成为引出个人对公共物品偏好的最重要方法之一,被广泛应用于濒危物种、生物多样性、城市绿地、空气质量、健康与福利、食品、环境质量、公共服务等领域,在许多国家的环境经济和政策中发挥了重要作用。自从 20 世纪 90 年代末引入我国,研究内容主要包括综述文章和案例研究。如:张志强等阐述了 CVM 的发展和应用;徐中民对评估环境资源价值的几种技术进行了比较分析;高云峰(2005)在 OECD 资源价值体系下综合运用 TCM 和 CVM 对北京山区森林资源总经济价值展开评价;郭剑英(2005)使用 CVM 评估了敦煌旅游资源的非使用价值;刘彩霞(2008)对峨眉山风景名胜区旅游资源的总经济价值进行了评估。查爱萍、彭文静、周英、张茵等分别对生态旅游区、国家级风景名胜区、文化遗产旅游地和自然遗产旅游地等游憩资源的经济价值展开评估,价值评估体系均为 OECD 资源价值体系,通过 TCM 和 CVM 分别计算游憩资源的使用价值和非使用价值,进而将两种价值相加,求得游憩资源的总经济价值。李洪波、李燕燕对武夷山自然保护区生态旅游资源非使用价值进行了评估;敖长林等(2010)使用 CVM 分别采用参数方法和非参数方法对三江平原湿地的非使用价值进行了评估,得出三江平原湿地 2007 年人均支付意愿为 71.66 元/年;王凤珍(2010)使用了 CVM 评估了武汉市典型城市湖泊湿地资源的非使用价值;王朋薇(2012)在国内首次引入真实支付情景评估了达赉湖自然保护区生态旅游资源的非使用价值;肖建红探究了使用 CVM 评估资源价值时的总体扩展方法;游巍斌使用 CVM 评估了武夷山风景名胜区遗产资源的非使用价值;周颖总结了意愿评估法在农业生态补偿上的研究进展。

1.3.2　陈述性偏好法有效性成为近些年的研究热点

由于 CVM 和 CE 都是建立于虚拟市场之上,存在假想偏差、信息偏差等问题,在国外如何提高 CVM 和 CE 有效性已经成为一个主要的研究方向。CVM在国内使用相对广泛,学者们从不同角度探究了提高 CVM 有效性的方法,而CE 有效性的相关成果较少。CE 和 CVM 都是通过面访式问卷、访谈、电话沟通等方式向被调查者阐明调查目的、讲述构建的虚拟市场等信息,从而引出被调查者的支付意愿。能否引出被调查者真正的支付意愿受到诸多因素的影响,包括调查过程的设计、调查时间、沟通方式、问卷设计、信息传达等。

但由于 CVM 是建立在虚拟市场基础上的,因此存在很多偏差,如假想偏差、信息偏差、顺序偏差等。从国内外研究现状看,目前 CVM 的主要研究集中在如何提高 CVM 的有效性和可靠性方面,如何提高 CVM 的有效性和可靠性成为一个重要的研究方向。如曹雪旺等人对 CVM 的偏差、有效性和可靠性进行过检验;许丽忠等人总结了 CVM 评估有效性的研究进展,并对条件价值法的后续确定性问题进行了探究;赵菊勤设计了不同时间、不同空间、不同技术、不同手段的多重调研方案,对 CVM 有效性和可靠性进行研究;查爱苹和邱洁威以杭州西湖风景区为例,使用条件价值法对其旅游资源游憩价值进行了效度检验等。

1.3.3　协商货币评估法成为资源价值评估的新方法

随着研究的深入,CVM 存在的各种偏差愈加明显,其有效性受到广泛质疑,因此,协商货币评估法(DMV)被引入环境资源价值的评估中。早期研究更多的关注 DMV 和 CVM 评估结果的比较和应用。Macmillan(2002)等使用CVM 和 DMV 评估了苏格兰野生鹅的非使用价值,结果表明 DMV 可以使被调查者作出更为理性的决定,从而提高了 CVM 评估的有效性。Kenyon 和Hanley(2005)使用 CVM 和 DMV 研究了被调查者对于 Ettrick 森林旱涝区恢复工程的支付意愿,结果表明相比 CVM,DMV 是更有效的资源价值评估方法。Macmillan 等(2006)使用 CVM 和 DMV 评估了被调查者对于一种新的绿色能源的支付意愿,结果表明 DMV 可以使被调查者获得更多的有价值的信息并给予被调查者更多地考虑时间,因此可以提高评估结果的有效性。Spash(2007)论述了 DMV 可以从政治和经济两个角度阐述被调查者的支付意愿。Lienhoop(2007)使用 CVM 和 DMV 评估了被调查者对于冰岛大坝建造的支付意愿,结果表明 DMV 比 CVM 的评估结果更有效。Spash(2008)阐述了 DMV 是评估资源价值的一种新的理论,并对其进行了比较应用。Szabó 为了提高生物多样性非使用价值评估的有效性,使用 CVM 和 DMV 进行了评估对比研究,结果表明 DMV 可以减少被调查者的抗议性支付,是更为有效的资源价值评估方法。而后,越来越多研究开始关注 DMV 调查设计过程,并探讨协商和对话如何帮助被调查者形成偏好,协商的作用都有哪些,应该如何设计调查过程使协商达到更好的效果。

国内协商货币评估法的应用还较少,王朋薇等采用两种不同的协商干预的 DMV 评估了达赉湖自然保护区生态旅游资源的非使用价值,这是国内审议货币评估的尝试性使用,研究发现协商干预能够减少被调查者的抗议性支付,使被调查者意识到更深层次的价值,理解更复杂的观点,形成对文化生态系统服务的认同,促进被调查者超越直接的自我利益,从而更全面地揭示被调查者的支付意愿。同时研究中也发现诸多不足,如某些被调查者对于当地的社会生态背景考虑较少,资源价值评估中未考虑利益相关者的观点导致评估结果的政策指导作用有限。

国内外学者从不同角度提出了 DMV 存在的问题和改进方法,DMV 改进方法最关键的方面即如何设计合理的协商干预过程,应该采用什么样的协商干预框架,这是目前需要亟待解决的问题。国内外学者从不同角度提出了 DMV 存在的问题和改进方法,但还未形成被广泛认可的资源价值评估方法。

1.4　技术路线和研究方法

本研究综合运用多学科理论与方法。质性方法和数理分析等方法贯穿其中。具体如下。

在数据获取方面,采用小组会议、深度访谈、调查问卷相结合的方式。

(1) 实地调查收集保护区的社会、生态、环境、经济等数据和资料。

(2) 通过小组会议引导被调查者进行协商和讨论。

在研究方法选择方面,注重定量分析。

对获得的各种数据,使用 SPSS、STATA 等软件进行处理分析。

1.5 小 结

本章阐述了自然保护区生态旅游资源价值评估的选题背景、研究意义；研究目标和体系结构；从自然资源经济价值体系、资源价值评估方法等方面介绍了相关研究的国内外研究现状；最后总结了本研究的技术路线和研究方法。

第 2 章　理论基础和概念界定

2.1　理论基础

2.1.1　资源管理相关理论

2.1.1.1　公共物品理论

公共物品是满足作为群体的社会成员的公共需求的物品,它是相对于私人物品而言的,是指那种既不可能也无必要对其消费并且排他的产品,排他性的使用或者消费的竞争性是区别私人物品和公共物品的两个特性标准。保罗·萨缪尔森、威廉·诺德豪斯在《经济学》一书中,将公共物品(public goods)定义为:公共物品是这样一种商品,将该商品的效用扩展于他人的成本为零,因而无法排除他人共享。他认为公共物品是正外部性的极端例子。通常又称为纯公共物品,如国防就是纯粹的公共物品。

公共物品有三个属性:第一,公共物品在一组消费者中是不可分割的;第二,公共物品在受益上具有非排他性;第三,公共物品在消费上具有非竞争性。私人物品是满足作为个体的社会成员的私人需求。对私人物品来说,物品的特性表现为:首先是可分割性;其次是竞争性。再次是排他性。私人物品可以将拒绝付费的人排除在消费范围之外。准公共物品介于公共物品和私人物品之间的物品形式,他们既具有公共物品的属性,又有私人物品的特征,包括具有竞争性但不排他性消费的物品和具有排他性消费的非竞争性的物品。准公共物品数量最大、最具有现实意义。

我国自然保护区的建立,是为了保存丰富生物多样性,维持人类生存的生态环境,如保持水土,涵养水源,净化空气等,从而为周边地区提供新鲜的空气,良好的生存环境,充足的水源,肥沃的土壤,提高当地居民的农业收入,这是自然保护区功能的一种体现,属于典型的外部经济现象。因此,与其他公共物品相比,自然保护区具有较强的正外部性,特别是在社会效益和生态效益两个方面表现出很强的外部性。正是因为这种显著的正外部性,使得私人缺乏生产和提供这类公共物品的动力。并且,自然保护区产生的生态效益和社会效益很难以货币的形式在市场上体现出来,即使这种生态效益和社会效益可以货币的形式在市场上度量,也很难保证投资者和经营者在短期收回成本和获取利润,因为自然保护区所产生的生态效益和社会效益更大程度上表现为间接的、长期的效益。如果这种效益在短期内得不到直接补偿,私人供给公共物品就可能是无利可图,这样私人企业也就不可能参与公共物品的生产和提供。

自然保护区提供的典型公共物品有:水源涵养、储存碳和保护重要的栖息地等。典型的私人物品包括:狩猎、钓鱼和采集非木质林产品。另外,自然保护区的建立,从某种程度上来看也引起了负外部性,特别是自然保护区资源的保护与利用引起的矛盾,随着经济的发展,这种矛盾越显尖锐。

2.1.1.2 可持续发展理论

可持续的发展概念在 1972 年联合国召开的"人类环境会议"中被提出,这次会议宣言强调了人对于环境的作用,认为人既是环境的产物又是其塑造者,人类的计划行动所造成的环境影响必须得到重视,此次会议还提出了"合乎环境要求的发展""无破坏的发展""连续的、可持续的发展"等概念。20 世纪 80 年代后,可持续发展的概念日趋广泛流行,世界自然保护联盟在 1981 年将其明确表述为"改进人类的生活质量,同时不要超过支持发展的生态系统的负荷能力"的含义。在发展的概念中纳入资源承载力和生态系统负荷能力,意味着发展的问题从一个代内的范畴扩展到了代际间。1987 年,联合国世界环境与发展委员会由挪威前首相布伦特兰夫人主持,会议通过并发布了《我们共同的未来》这一有影响力的报告,其中从发展的公平性、持续性和共同性"三原则"出发,对可持续发展作出了带有定义性的解释:既满足当代人的需求,又不对后代人满足其需求的能力构成危害。这一概念得到了广泛的认同,并对随后的发展和研究产生巨大的影响。到 1992 年,联合国环境与发展大会在巴西的里约热内卢召开,共有 183 个国家和地区代表参加了此次会议,并通过了《里约热内卢环境与发展宣言》《21 世纪议程》《联合国气候变化框架公约》《生物多样性公约》《关于森林问题的原则声明》等重要文件,以与会者宣言的形式确定了可持续发展战略,否定了工业革命以来高投入、高生产、高消费、高污染的传统发展模式。1994 年,在埃及首都开罗召开了国际人口与发展会议,形成了《关于国际人口与发展的行动纲领》,其中强调了人口因素在可持续发展中的地位和作用,提出"可持续发展问题的中心是人"这一观点,对《里约宣言》和《21 世纪议程》作了重要的补正。在人们对人口与经济、资源和环境关系的认识不断深化的基础上,逐步形成了可持续发展的思想,由于人是发展的主体,不断改进人类的生活质量成为了发展的目的,所以,这一思想的最终落脚点仍回到了人本身。面临政策、市场和来自自然科学的三大危机,究竟应该如何发展,联合国开发计划署指出,必须重新定义发展的内涵,也就是说,要通过有效组织社会资本,进一步扩展人类的选择机会及能力,以便于在尽可能平等地满足当代人的需要的基础上不损害后代人的需要。研究者们的目的在于能够保证当代人的福利增加时也不会使后代人的福利减少,因此,必须要强调维持或提高地球生命支持系统的完整性。并且,人类生命可以在经济体系和生命系统的动态作用下得以无限延续,人类个体的发展和文化的传承与繁荣都能得以实现。

对于可持续的发展观而言,一部分人的生存和发展不能以另一部分人的无法生存和发展为代价,当代人的生存和发展不能以后代人的无法生存和发展为代价,人类的生存和发展不能以非人类的无法生存和发展为代价,由此,新的发展观应该包括生存和发展的普遍性和可持续性。可持续发展强调既满足当代人的需求,又不对后代人满足其自身需求的能力构成危害的发展,这得到联合国环境规划署第 15 届理事会的接受和认同。其核心内容表现为:一是要发展,要满足人类的发展需求;二是不能损害自然界支持当代人和后代人的生存能力。因此,可持续发展是一个综合的概念,它从环境和自然资源的角度提出了人类长期发展的战略和模式,还涉及经济、社会、文化、技术与自然环境的诸多方面。可持续发展具有十分丰富的内容,它提倡鼓励经济增长的经济观,即通过经济增长来提高当代人福利和经济生活水平,增强区域经济实力和积累更多的社会财富,重视经济增长的数量和质量,宣扬建立在保护自然生态系统基础上的持续经济发展;同时,它主张人类与自然和谐相处的自然观,即发展是以自然资源为基础,同生态和环境相协调,经济和社会的发展都不能超越资源和环境的承载能力;另外,它主张社会公平分配的社会观,既满足当代人又满足后代人的基本需求。

自然保护区的可持续发展是可持续发展理论在自然保护区发展与管理中的应用。自然保护区有着丰富的自然资源和生物多样性,而生活在自然保护区周边的社区多保留着靠山吃山、靠水吃水的传统生产生活方式,难免对保护区资源进行利用和破坏,保护区的资源保护和社区经济发展的矛盾由此而产生。如果片面追求经济增长,而忽视效益和环境,会影响资源的保护,但是,片面强调保护环境而忽视经济发展的做法会制约社区的发展,因此,任何一种做法都是片面和极端的,要做好保护区管理和实施可持续发展必须反对这两种倾向,尤其是要注意后一种状况的发生,如果当地居民的生活不能得到保障,终将很难实现自然资源的有效保护。"可持续发展"理论既要关注"需要",也要重视对需要的"限制"。满足需要,首先是要满足贫困人民的生活基本需要;对需要的限制主要是指对未来环境需要的能力构成危害的限制。根据这一观点,管理者应该处理好两个问题,即"社区对资源的需要"和"掠夺式资源利用的限制",以"可持续发展"理论为指导,把经济发展作为基础,保护森林资源和生物多样性作为条件,实现自然保护区及其社区的可持续发展,进而实现"自然、经济、社会"复合系统的持续稳定发展,实现以人为本的社会进步。

2.1.1.3　参与式发展理论

"参与式"管理理论的来源最早可追溯到 20 世纪 30 年代,梅奥等人在霍桑实验的基础上提出了"社会人"的假设,认为:"人是独特的社会动物,只有把自己完全投入到集体之中才能实现彻底的'自由'。"作为管理者,不仅仅要用规章制度来管理,适当的时候,还要使人参与社会生活、学习社会规范、履行社会角色并获得社会的认可,使管理人性化,使得组织更加具有活力。20 世纪 70—80 年代早期,这一理念在东南亚和非洲国家逐步得到推广和完善,并形成了参与式农村评估(PRA)、快速农村评估(RRA)、参与式评估与计划(PAP)等方法和工具,80年代后期至现在,参与式理论得到了快速推广,成为国际上广泛使用的农村工作模式。参与式发展理论是指"通过一系列正规和非正规机制直接使公众介入决策,培育对发展的'拥有意识'或'主人翁意识'以及实现'发展的可持续性',使发展干预的对象全面参与发展干预的规划、涉及、执行、监测和评估的决策过程的一套发展理论、时间和方法体系"。它强调群众自主参与项目政策制定、实施、监督、评估等全过程,强调当地群众是社会经济发展和资源利用中的主人,要在外来者的指导和帮助下,培养自我发展的能力,形成自我意识,自主解决发展中面临的问题。在这一概念框架下,新的发展理念摒弃了传统发展理论中的以"经济增长"为中心,而强调以"人"为发展中心,以可持续性为发展目标,这一理论将传统发展理论中所忽视的弱者和边缘人群当作是发展过程的主体,主张只有人的发展在发展中得到强化,才是可持续发展,这正是对传统发展理论的反思与批判。吴训峰指出:参与式发展是农村发展的一个有效方法,尤其注重了人的发展。农民是农村社会发展中的动力,任何农村发展的源动力都来自于社区的内部,来自于社区的主体—农民,这是农村发展"内源发展理论的观点"。参与式发展的实践认为,来自于农村社区外部的所有信息、技术和资金方面的支持(外部干预)只能对社区发展起到辅助的、帮助性的作用,而要真正实现社区的可持续发展,必须把所有的外部干预变成农民内源的发展动力,即农民要充分认识并接受外部干预的选择,并把它当成自己的发展承诺,才能增加农民对社区发展的拥有感。否则,农民只会把发展项目看成是国内或国际发展机构的事,看成是所有外来人员的事,这样的发展就不可能具有可持续性。"参与式发展"在中国的发端是由福特基金会于 20 世纪 80 年代引入的,在一些国际机构和组织的推动与支持下,我国境内开始广泛兴起参与式发展的研究与实践活动。经过 30 余年的探索,目前参与式发展在我国的应用越来越广并且日渐成熟,其应用范围涉及与农村发展有关的乡村建设规划、扶贫、森林资源管理、小流域治理、生态旅游等各个领域,与传统方式相比显示出了极大的优越性。在我国的自然保护区建设中,当前所采用的"抢救式"自然保护发展模式没有对自然保护相关方的利益给予足够的重视,社区居民不但没有在保护区的发展中得到利益,相反,原有经济活动和经济利益还遭受了损害,这必定引发保护区与社区之间的矛盾和冲突。鉴于此,在保护区的建设与管理工作中,就应当充分考虑自然保护的相关利益方,尤其是社区群众的切身利益,将参与式发展作为保护区的发展理念,强调社区居民积极、主动地参与,使社区经济和群众融入自然保护工作之中,让社区群众成为保护区发展的主体,把实现社区的可持续发展作为目标,这样才会有利于自然保护工作的开展,保证保护区和社区发展的可持续性。

2.1.2　自然资源管理的三种代表性的理论

2.1.2.1　公地悲剧

哈丁于 1968 年在《科学》杂志上发表了"公地悲剧"一文,自从这一极富有挑战性的文章问世以来,"公地悲剧"已经成描述资源和环境退化的一种象征,它提出,无论任何时候,只要许多个人共同使用一种稀缺资源,资源便会发生耗竭性退化。哈丁设想了一个"对所有人都开放"的牧场作为例子,来阐释他的理论。例中提到,每个牧民都从自己的牲畜中得到直接收益,因为牧场是公共的,理性的放牧人都会尽可能多地增加自己在公共牧场上放牧的牲畜数量,这一过程的激励来自于牧民行为的外部性,在他或其他人在牧场上过度放牧时,每个牧人都会因公共牧场退化而承担延期成本,因为放牧人从自己的牲畜身上得到直接收益,而承担的只是由过度放牧所造成的损失中的一份,这样的结果只能是牧场因过度放牧而退化甚至毁灭。因此,哈丁总结并提出了这样的结论:"这是一个悲剧。每个人都被锁定进一个系统。这个系统迫使他在一个有限的世界上无节制地增加他自己的牲畜。在一个信奉公地自由使用的社会里,每个人追求他自己的最佳利益,毁灭是所有的人趋之若鹜的目的地"。其实对公地的悲剧的关注可以追溯到古希腊时期,亚里士多德就曾提道:"凡是属于最多数人的公共事物常常是最少受人照顾的事物,人们关心着自己的东西,而忽视公共的事物。"霍布斯关于人在自然状态中的故事,即人们为了追求自身的利益,最后导致彼此相互残杀,其实是公地悲剧的一个原型。1833 年,威廉·福斯特·里奥德提出过一个关于公地的理论,认为共有财产的使用者在使用时不会关心其利用所造成的后果。1954 年,加拿大经济学家 H·斯考特·戈登在《共有产权研究的经济理论:渔业》一文中,明确地阐述了类似于哈丁的理论逻辑:"属于所有人的财产实际上是不属于任何人的财产,这句保守主义的格言在一定程度上是正确的。人人都可以得到的财富不会受到任何人的珍惜,如果有人愚蠢地想等到时机合适时再来享用这些财富,那么到那时他会发现这些财富已经被人用光了……海洋中的鱼对渔民来说是没有价值的,因为如果他们今天放弃捕捞,就不能保证明天这些鱼还在那里等他。"这是在哈丁的文章发表 10 多年前另一篇经典性的文章。看来,哈丁并不是第一个注意到公地悲剧的人,现在"公地的悲剧"这一理论模型被广泛用来说明一些牧业、渔业等自然资源的退化问题,诸如森林被过度砍伐、野生动物被毁灭性猎杀等问题,都是公地悲剧。由于公地悲剧的普遍存在,许多经济学家对哈丁的理论逻辑进行了更深入的探讨和解释。

2.1.2.2 囚徒困境博弈

"囚徒困境"模型最早是由冯·诺伊曼和摩根斯坦恩在 1944 年提出的,它认为从私利出发的两个独立行动的当事人如何注定不会合作,并会给双方带来极大的损害。因为,在每个囚徒个体看来,结果是不受控制的,每个人只能基于明显的私人利益而选择坦白,而每个人都得保持沉默来促成获得有利的结果,但是,两个人都没有这样做的激励(如图 2-1 所示)。放牧人为博弈对局中的对局人,因为牧场可以承载的牲畜数量是有限的,假定可承载的数量最多为 L。在一个两人参与的博弈中,"合作"策略可以视为每个牧人放养 L/2 的牲畜。"背叛"策略则是每个牧人放养尽可能多的牲畜,只要出售这些牲畜能够获利,放养的数量大于 L/2。如果两个牧人都把放养的牲畜数量限定在 L/2,他们将各获 10 个单位的利润;如果都选择背叛策略,则获得的利润都为零;如果一方限定在 L/2 内,而另一方背叛,则背叛者获得 11 个单位的利润,受骗者获得-1 个单位的利润。如果无法达成有约束力的协约,由每一方独立进行选择,他们选择的策略都会是背叛。当他们相互背叛时,双方的获利都为零。因此可以得出,因为个人理性的策略导致集体非理性的结局这一悖论,对理性的人类能够取得理性的结果这一基本的信念提出了挑战。

	囚徒 B	
	不承认	承　认
不承认	各 1 年	10 年,3 个月
囚徒 A　承　认	3 个月,10 年	各 5 年

图 2-1　囚徒困境博弈模型

2.1.2.3　集体行动的逻辑

奥尔森在《集体行动的逻辑》中讨论了关于私利与集体利益冲突的可能性,他作了一个与囚徒困境博弈密切相关的研究,即以个人追求自身的福利为参照,对促使个人追求他们共同福利的困境进行分析。传统的理论认为:有共同利益的个人会自愿地为促进他们的共同利益而行动。但是,奥尔森认为,组织中的成员有私人利益,他们会把这些利益置于个人对组织的支持之中,或许几个人有共同利益,但是组织的存在也并非是为了其成员的共同利益。尽管他们每个人都能从集体的形成或存在中获益,但他们并不是为了推进共同的利益而行动。同样,这一悖论的关键是集体后果具有公共物品性质。所以,如果组织有效地推进了成员的共同利益,即是提供了具有公共物品性质的结果。在这样的情形下,个人可以享受集体利益却不承担集体成员的成本。奥尔森还提出:“除非一个人群中人数相当少,或者除非存在着强制或其他某种特别手段,促使个人为他们的共同利益行动,否则,理性的寻求自身利益的个人将不会为实现他们共同的或群体的利益而采取行动”。这是对群体理论的巨大挑战。纵观奥尔森的分析可以看出,他的前提是“如果一个人在公共物品生产出来后,不会被排除在获取这一物品带来的收益之外,那么这个人就不会有动机为该物品供给自愿奉献力量。”奥尔森所说明的“集体行动的逻辑”,实质上是揭示了集体行动的矛盾及其面临的困境。罗必良将此称为“奥尔森困境”。

2.1.3　价值相关理论

2.1.3.1　劳动价值论

马克思的劳动价值论认为:“商品价值体现的是人类劳动本身,是一般人类劳动的耗费”。从生理学上来说,劳动是指人类耗费能量的活动,劳动又包括具体的劳动和抽象的劳动,具体的劳动产生使用价值,而价值则由抽象的一般劳动来衡量。从劳动价值论可以得出:对于一切未经人类劳动就天然存在的资源比如矿产、天然林木、水和土地等,则不具有使用价值,更谈不上具有价值。按此理解,绝大部分环境因为没有凝结人类的劳动,因此都没有价值,比如两棵同样的天然树木,一棵被人砍了拿去卖掉,那么这棵树有价值,另一棵没被砍掉,则没有价值,显然,这种结论在今天很难让人接受。按照劳动价值论,有人类劳动参与、凝结了人类劳动的环境具有使用价值,如果这个环境产品不光劳动者自己使用,而且还将其变成了商品用来交换,则这种环境商品具有价值,其价值大小由其凝结的一般人类劳动来决定。照此理解,那么只要其凝结的人类劳动相同,则其价值也相同,和环境自身的品质毫无关系。假如一个矿工在某个金矿里采矿,采用同样的采矿工具、用同样的劳动强度,第一天采出一堆矿石,但矿石的含金量很低,第二天又采出了同样多的一堆矿石,但矿石的含金量很高,如果用劳动价值论来衡量,因为其凝结的人类劳动一样,所以这两堆矿石的价值也应该一样。这个结论显然也不能让人信服。资本论中另一个重要理论是地租理论,而且地租理论与环境问题关系更为密切。地租不仅涉及土地,它可以泛指一切天然的环境资源如土地、森林、矿产等。地租包括绝对地租和级差地租,绝对地租对是所有权的资本回报,绝对地租取决于所有权,是所有权在经济上的实现,从这个角度似乎未开垦的土地没有所有权的土地就没有价值;级差地租是指同样多的资本投入到数量相同但等级不同的土地上获得的资本回报与绝对地租的差额。级差地租与环境本身的优劣有关,不同的土地有不同的价格。级差地租是指等量的资本连续地追加在同一土地上所造成的不同劳动生产率形成的级差地租,同一块土地不光价格不同,而且价值也不同,因为凝结的人类的劳动不同。

根据劳动价值论,不同等级的土地价值是一样的,只要凝结的人类劳动相同。然而要想土地产出的产品数量相同,即价格总量相同,则不同等级的土地的价值将不相同,因为不同等级的土地要想获得同样多的收获,等级差的土地需要付出的劳动量更多,还需要包括付出改善土地质量的劳动;要想土地的价值相同,则不同的土地付出相同的劳动,那么产出的产品数量也就是价格总量肯定不同。由此可见,级差地租仅仅从价格上考虑不同等级土地的差异,会使得价格与价值总量上将不一样。事实上劳动价值论并不是从人与自然的关系中得出的理论,而是用来解释人与人之间的关系中抽象出来的,劳动价值论在解释资源环境的价值方面能力不足,容易导致错误的结论。

2.1.3.2 效用价值论

诺贝尔经济学奖得主萨缪尔森在其代表作《经济学》中对效用作了这样的定义:在经济学中被用来表示从消费物品中所得到的主观上的享受、用处、或满足。由此可知效用是当人们消费时获得的一种主观感受,而当人们消费同一种物品的数量越来越多时,每一单位消费使其感到满足的程度会逐渐下降,即边际效用在递减。如果用效用代表价值,那么当物品无限多的时候,对其消费的边际效用将最终降为零,即价值变为零;相反,物品越稀缺,效用则越高,价值也就越高,因此效用价值论是建立在稀缺性的基础上的。按照效用理论,如果环境真的是无限的,永远用不完也不会减少的,那么环境确实可以认为是无价值的。但事实上,因为人类的不断扩张,对环境的需要逐渐增大,自然资源短缺日益显现,那么环境不但有价值,而且价值还在增大,可见环境的价值会因时间不同而不同,是动态变化的。如果从不同地域来看,现实中环境资源分布并不均匀,同一个地区有的环境很丰富,有些很紧缺;同一种环境,有些地方丰富,有些地方紧缺;人们会挥霍丰富的环境而珍惜紧缺的环境,而这也是为什么有些环境由丰富变成紧缺的原因,而当环境由丰富变成紧缺之后人们才能发现其真正价值,由此可知环境的价值又会因空间不同而不同。其研究认为,边际效用递减规律在一定程度上可以帮助理解环境的价值,效用理论对于人们增强环保意识有重要意义,但是还不能完全用效用理论来评价资源环境的具体价值。资源环境的稀缺程度是客观的,可以在一定程度上进行测定,但人们的感受则是主观的,对于同一种资源环境,不同的人在不同的地方及不同的时间会有不同的评价,很难得到一个统一的价值标准。

2.1.3.3　均衡价值论

均衡价值论是建立在效用理论的基础上的,由新古典学派的创始人马歇尔提出。他用生产费用和边际效用分别来解释商品的供给和需求,而商品的价格分为供给价格和需求价格,其中供给由生产费用来决定,生产费用提高会导致供给价格的升高,而供给数量也会随之增加;商品供给的增加会引起商品的边际效用减少,商品的需求量会减少,消费者愿意付出的需求价格则会降低,而降低的幅度则由需求弹性决定,最终当供给量和需求量达到平衡时,供给价格和需求价格也会一致,此时的产量称为均衡产量,价格则称为均衡价格。均衡价值论以均衡价格代表商品的价值,如果用均衡价值论来解释环境的价值,则环境的价值也由其均衡价格决定,即等于当环境的需求和供给相等时的价格。

本书认为均衡价值论应用于环境有其缺陷,因为环境与传统的商品不完全一样,均衡价值论要求有完全市场,即商品的供给和需求是可人为调整的。而环境的供给并不完全受人决定,不能灵活地增加或减少,特别是舒适性资源,其生产费用很低,在需求相对稳定的情况下,资源的价格会被低估。

综上所述,劳动价值论、效用价值论和均衡价值论在解释资源环境价值方面都不能完美适用,都存在一定的缺陷,这也是当前市场经济中的环境无效率的原因,资源环境的有效管理需要新的价值理论的支持。

2.1.3.4 存在价值论

1967年约翰V克鲁蒂拉(John V. Krutilla)(发表了《自然保护的再认识》),在文章中他把真实的、不可逆的、且唯一的环境资源称为"舒适型资源",对这类资源的价值应该重新分类,并首次提出非使用价值和存在价值概念。"使用价值"是舒适型资源让当代人直接或间接地利用而产生的价值;"选择价值"是因为这类资源可以让后代人使用的价值;而"存在价值"则是不管这类资源有没有用,只要它存在即有价值。存在价值是独立的,与人类完全无关,是一种内在价值,因此他将存在价值和选择价值合称为非使用价值。

存在价值和非使用价值概念的提出,使人们从一个全新的视角去思索环境的价值问题,不再只从当代人出发,而是包括了现在和将来的人,兼顾了代际公平;也不再只考虑效率,还兼顾道德伦理。存在价值论对传统经济学是一种重要的完善和补充,对于人类反思人类行为,重视人与环境的关系,实施可持续发展具有重要意义。

从以上价值理论衍化产生了更多的对于资源环境价值认识的观点,主要观点有:劳动价值泛化论,认为环境生态系统的生物与人一样,都具有生物生产力,都能像劳动一样能创造价值;使用价值决定论,环境因为对人类有用,所以具有使用价值,并由此决定其价值;稀缺价值论,环境的价值由其自然丰度及地理位置等因素决定;双重价值论,环境的价值包括自然形成的价值和劳动创造的价值;收益决定论,资源所有者的收益代表其价值大小。这些理论,对环境的价值进行了多角度的理解,既有合理的地方,也有相互矛盾的地方,对于环境资源价值,需要从价值的本质、环境价值观形成等角度来理解。

第一,价值的本质是一种主客体的相互关系,表现为主客体的相互作用,即主体对客体的主动利用和客体对主体的效应,以及在这过程中主客体的相互转化。这种相互关系广泛存在,是价值的一般性特征,而资源环境价值也具备这样的特征。人类在生产产品或服务的过程中,环境为其生产过程提供条件,或被人类开发和利用后转化成为了产品或者服务的一部分,这个过程是一个客体主体化的过程。同时,资源环境具有其复杂性,人类开发利用环境必须先认识环境的特点和客观规律,才能发挥主体的能动性和创造性,因此人类利用环境的过程也是主体客体化的过程。环境与人类的相互作用,客体从其自然状态的环境经过主体的活动被转化为社会状态的商品,其实已经实现了主体客体化和客体主体化的统一。从这点来看,资源环境具有价值的本质性特征。

第二,环境价值观的形成过程是由人类的发展过程决定的。人们对环境是否具有价值的认识主要经历了三个阶段,即环境无价值表现阶段、模糊价值表现阶段和有价值表现阶段(赵秉栋,1999)。在人类历史的早期阶段,人口数量少,生产活动单一,资源的数量及其再生能力完全能够满足人类的需要,而且人类的生产占有的土地有限,一块区域的野果和野兽被消耗完之后,通过迁徙可以很容易再找到环境资源,因此环境给人的感觉就是可以随意消耗,永远不会枯竭的无价值的东西。从原始社会到人类工业化之前这段时期,人口数量逐渐增多、人类活动区域扩大,生产活动也多样化,人类也不再将完全依靠环境的自然贡献,而是按照自己的意愿对环境进行各种改造,比如开垦农田,修建水利等。这时环境的自然再生能力已不能完全满足人类需要,但这时还可以消耗环境的储备,人类仍未清晰认识到环境的价值,只是对某些资源的价值存在模糊的概念。工业化是一个转折点,人类进入工业化之后,人类技术的进步和生产力的解放,对环境的开发利用速度加快,资源的消耗数量呈几何级的增加,当资源的再生能力远远赶不上消耗速度,而且储备也在急剧减少的时候,资源的稀缺性和环境遭到破坏的后果逐渐显现并日益严重,甚至威胁人类生存安全时,才引起人类对环境价值认识的根本变化,逐步认识到环境不仅对人类具有效用,而且会因为过度消耗而稀缺,同时资源环境也不再只具自然属性,人类也必须投入一定劳动以保护和修复环境,这种投入成本也成为资源环境价值的一部分。

根据传统的经济价值理论,没有人类劳动的参与以及有劳动但没有交易的东西是没有价值的,由此可得出资源环境无价值的结论,其实这个结论是有条件的,一是环境不具备稀缺性,即数量是无限的;二是任何资源环境都是完全纯天然的,任何情况下都没有人类劳动的参与;三是资源环境是无用的,即是可有可无的东西。显然资源环境并不满足以上几个条件。综上所述,本研究认为资源环境是有价值的,并且资源环境价值是由资源环境的有用性、资源环境的稀缺性以及人类劳动对资源环境的影响共同决定的。

2.2　概念界定

2.2.1　生态旅游的起源

关于生态旅游这个词的起源一直众说纷纭,关于这方面的文献也数量众多。Orams(1995)和 Hvenegaard(1994)在文中写道,这个词的应用最早可追溯到 20

世纪 80 年代,而 Higgins(1996)认为这个词最早源于 20 世纪 70 年代 Miller 关于生态发展的书。大部分文献比较传统的看法是这个词最早是在 20 世纪 80 年代初由 Ceballos - Lascuráin 创造出来的。他把生态旅游定义为"到相对未被打扰过或未被污染过的自然区域旅行,带有明确的研究、欣赏和观赏当地野生动植物,或现存当地文化(古代和当代的文化)为目的"。Ceballos - Lascuráin 自称他最早想到这个词 1983 年,当时他正在墨西哥组织发起一个叫偏自然的非政府组织。

不过这个词可以更早溯源于 Hetzer(1965)的文章,当时他用这个词来说明旅游者、环境和文化之间的交互关系。赫兹认为一种比较负责任的旅游有四个要素,即:① 最小化的环境影响;② 对当地本土文化的最小影响;③ 对接待国普通民众的利益最大化;④ 最大限度满足旅游者对"娱乐"的需求。随着生态旅游概念的发展,赫兹认为生态旅游是一个比较极致的概念,是因人们严重不满于过度开发的负面作用,特别是对生态环境的负面影响而产生的。Nelson(1994)也认同这个观点,他指出生态旅游其实是一个很老的概念,20 世纪 60 年代末到 70 年代初这个概念已比较泛滥,因为当时的学者对不当利用自然资源的问题越来越关注了。

再早,Lothar Machura(1954)的论文"自然保护与旅游:以奥地利为例"是首次提到旅游和观察关系的学术文献,这为后来的生态旅游埋下了种子。他的讨论涉及旅游如何与自然保护合作或两者可能会怎样的不兼容。Machura 在文中写到,旅游是可以唤起人们对自然热爱的一种介质。

其他相关领域的研究还有 Fennell(1998)从加拿大政府找到生态旅游(ecotour)的证据,关于这种绿叶运营的记载是在 20 世纪 70 年代中叶。当时的生态旅游主要是围绕着横贯加拿大高速公路的开发进行,这条高速公路是 1976 年开发的。加拿大版的生态旅游在时间上是比较超前的,但它还缺少当今生态旅游具备的低影响、可持续、关注社区发展和道德标签等要素。当时生态旅游的发展出于加拿大政府认为有必要让国内和外国旅游者通过对自然环境的解读,了解并欣赏加拿大人与土地的关系。尽管当时没有明确的生态旅游定义,但每个生态旅游指南都有下面这段前言:

生态旅游是加拿大林业局为你提供的,帮助你了解在这个国家看到的自然景观特征,包括自然和人文历史景观的解读。生态旅游的线路根据景观的主要类型或者生态地带划分,每个生态地带的地图上都有景观位置的标识(上面带有编号)。尽管大部分可以从车上看到,但有些我们还是建议你下车观赏。各景点之间的距离标有公里数,同时也标出了支路以及支路到高速公路之间的距离。

如果你事先了解旅行里程和每个景点的特点,就能从生态旅游中获得最大限度的价值。

Fennell 指出生态旅游的发展方向应该是收敛的,"很多地方的民众要独立地对本地的发展需求负责,在发展更自然的旅游业态和生态环境的全社会保护之间寻求平衡"(1998),Wilson 也持同样的观点。很多学者努力要找到生态旅游与其他形式之间的关系和共同点。

人们普遍认可的是,生态旅游实际出现的时期早于 20 世纪 80 年代。例如,Wilson(1993)指出美国自然历史博物馆早在 1953 年就组织过针对自然历史探索的旅行。可能更有力的证据是非洲基于野生动物的生态旅游的发展,这类旅游应该在 20 世纪早期就存在了,有些人甚至认为自然旅游企业在 19 世纪中叶就有了。前面提到的 Machura 的文章针对的就是这种基于自然历史的旅游。有更多的文献说明人类去荒野旅行触发灵感的行为自古罗马时代就有了。Nash 指出,19 世纪很多人到欧洲和北美旅行的主要目的就是寻求户外体验,有下面的文字为证。

Alexis de Tocqueville1831 年在美国旅行时,在密歇根看到一片荒野,这个年轻的法国人觉得自己终于找到文明的边界。不过当时他把这种旅行的欲望和发现原始林地的兴奋感分享给别人的时候,其他人觉得他疯了。美国人那时还无法相信还有一种旅行的目的是在伐木或觊觎土地以外的。

Tocqueville 追求的是旅行中的一种基础心理体验:新奇感。Nash(1992)也回应道,18、19 世纪社会和科学的发展让当时的知识分子普遍有一种需求,相信到未被人类涉足的自然界找到灵感,触发精神和心灵深层的涤荡,使心灵得到滋养。触发这种需求要求社会上存在一个比较富裕而且有文化的群体,这些人长期居住在城市里。对于这些人来说,"荒野能让人获得新奇的体验,满足人们深层的精神和心理需求"。当时这种情怀在美国远不及在欧洲流行,因此直到 19 世纪 70 年代,美国西部荒原的自然旅游者几乎完全是外国人。

当美国人开始到本国的荒原旅行时,主要是一些特权阶层的人。据 O'Gara (1996)记载,19 世纪 80 年代,去黄石旅行一次的费用是去欧洲旅行费用的三倍。毫无疑问,去旅行的人都被黄石的景色所震撼,但他们的行为却差强人意,他们留下的痕迹在 Rudyard Kipling(1996)的书中有记载:

这虽然不是惊人的庸俗,但也是以体现人们无法控制的自私和对环境的忽视,这种现象令人震惊。有大量号称"优雅"的女士把自己的名字刻在老忠实泉边的石头上。自然把这种丑陋现象永远地记录了下来,今年以后,我们仿佛还能看到"Hattie、Sadie、Mamie、Sophie"们把自己的发卡摘下来在老忠实泉的脸上留下的痕迹。

2.2.2 生态旅游概念的界定

自从 20 世纪 80 年代末,出现了越来越多的生态旅游方面的文章。各个领域的学者从理论应用等层次对生态旅游进行了阐述和研究。更深层次的理论方面的研究成为众多学者的研究重点,但仍有大量的研究在讨论生态旅游定义。到目前为止,还未形成一个统一的得到大家普遍认可的生态旅游定义。表 2-1 列举了一些学者和组织对生态旅游的定义。

表 2-1　生态旅游概念

研　究	定　　义
Ceballos - Lascuráin 1987	生态旅游是为了研究、欣赏和品味自然风光、野生动植物及当地文化遗迹去往相对原始的地区或未被污染的自然区域的旅行活动
Ziffer 1989	生态旅游是由于对一个地区的自然历史(包括其本土文化)感兴趣而产生的一种旅游形式
Kutay 1989	生态旅游是一种旅游发展模式,选定的自然区域被认为是游憩基地的一部分,并且生物资源和社会经济区域具有明显的联结
Brause 1992	生态旅游是帮助人们创造更多的与美景接触的机会,了解并评价环境,保护和恢复已经被损坏或即将被损坏的资源和环境
Williams 1992	生态旅游是在相对原始环境下发生的旅游活动,简陋的住宿,泥泞的小路,最基础的设施,旅游者的支付是为了能欣赏和近距离接触野生动物,体验当地的文化和保护当地的资源环境
Agardy 1993	在未受干扰的地区观赏野生动物(如鸟类、海龟、海洋动物),学习了解海洋生态学和湿地生态学,最大限度的感受自然
Valentine 1993	生态旅游是一种新型的、对自然没有破坏的、生态上可以持续的旅游形式,是前往相对未受干扰的自然区域,以欣赏自然为主要的参与目的,是当地自然区域保护和管理的直接贡献者
Wallace 1993	生态旅游是为当地提供如翻译、资源清查和资源环境监测等帮助,与当地居民友好的不出于任何利益目的的合作,每个人都从旅游中得到收益和好处的旅游活动
Wight 1993	生态旅游是一种启发式的自然旅游经历,有助于生态系统的保护,尊重当地社区的完整性

续　表

研　究	定　义
Wall 1994	生态旅游通常是在相对较为自然的区域或者这些区域的某一部分(包括稀有的或濒危的动植物资源)发生的旅游活动。这些区域通常距离客源地较远
Buckley 1994	生态旅游是整合了自然产品和市场,实施可持续管理,为当地资源环境的保护提供资金支持,对每个旅游者和居民进行环境意识的教育的旅游活动
Kinnaird and O'Brien	生态旅游是对自然环境没有影响或影响很小的旅游活动,是解决经济发展和环境保护最理想的途径
自然保护 国际联盟 (IUCN) 1996	生态旅游是前往那些相对没有受到干扰的自然区域的、对环境负责任的旅游,其目的在于享受并了解自然(以及相应的过去和现在的文化特色),其旅游者负面影响较小,给当地人提供收益的社会和经济参与机会
Fennell 2001	生态旅游是一种以自然资源为依托的可持续旅游形式,主要强调的是对自然的体验和学习,它一般发生在自然区域,并能对这些区域的保护和维护作出贡献
卢云亭 (1996)	生态旅游是以生态学原则为指针,以生态环境和自然资源为取向,所开展的一种既能获得社会经济效益又能促进生态环境保护的边缘性生态工程和旅行活动
李东和 1999	生态旅游是一种将生态学思想贯穿于整个旅游系统并指导其有序发展的可持续旅游发展模式,其目标是实现旅游发展中生态、经济、社会三方面效益的统一和综合效益最大化
梁锦梅 2001	生态旅游是以生态资源(包括自然生态资源和人文生态资源)为依托,以生态思想为指导,以科学文化知识为内涵,旅游者和旅游经营者都具有明确的生态环境意识,参与性强,品位高雅,能为地方生态环境保护和社会经济发展作出贡献的旅游体系
白光润 2002	生态旅游是大众参与的、普遍的、满足生态体验需求的、以天然自然环境、人工自然环境及其相应生态文化环境为对象的、促进生态环境建设的可持续发展的新型的旅游形式

　　通过对表 2-1 生态旅游定义的分析可以发现,这些定义主要涉及 11 个方面的主题。

　　(1) 环境友好型旅游:基于环境安全的旅游,对自然和野生动植物的影响最小化,有助于环境保护和生物多样性保存。

　　(2) 负责任的旅游:尊重当地文化、社会、生态和自然环境的负责任的旅游。

　　(3) 教育性的旅游:对旅游企业经营者、旅游者和当地的居民进行自然和文化教育,唤醒其环境意识。

（4）低影响的旅游：零影响或低影响的旅游。轻度的踩踏,没有采摘。只带走照片,留下脚印,不给自然资源带来负面影响。

（5）休闲的、浪漫的自然旅游：外出欣赏风景秀丽的自然景观。

（6）给当地带来福利的旅游：为当地居民带来经济的(经济收益和就业机会)和社会的效益。

（7）文化体验旅游：为了体验当地的文化和自然历史的旅游活动。

（8）可持续的(零消耗)的旅游：适度的使用当地环境资源,对当地文化和环境资源进行有效管理,为了下一代的永续发展而进行的保护自然的旅游活动。

（9）负责任的商业性的旅游：一种新的旅游形式,主体是对环境问题关心的企业,这些企业以生态环境保护为出发点实施经营管理,形成正确的生态环境意识,支持使用当地的原生态的住宿和导游等。

（10）社区参与式的旅游：鼓励当地社区居民参与的旅游形式。

（11）旅游者参与环境保护的旅游：鼓励旅游者积极参与生态环境保护。

生态旅游经常与环境友好的旅游、负责任的旅游、教育性的旅游、低影响的旅游、多文化旅游、可持续的(零消耗)的旅游、社区参与的旅游相联系。以上生态旅游的定义本质上都具有一定的规范性,是由自然资源保护者、专业的组织和学者们通过观察旅游者的行为总结而得的。在对生态旅游进行定义时,自然资源保护者和环境保护者更加强调旅游生态环境的保护和生物多样性的保存,较少关注旅游经营者获取的收益以及商业环境(如：劳动力市场、全球竞争、不同经济领域的联系程度等)等情况。另一方面,一个专业性的组织(如：生态旅游协会、世界野生动物保护组织或者是 Audobon 协会)在对生态旅游进行定义时,可能会反映其成员的观点,这些成员中的大多都是自然资源保护者。根据传统的效益最大化理论,不管企业从事的是以获取经济利益为唯一目的的行业还是从事需要同时兼顾生态环境和经济利益的行业,企业最主要的目标都是使利益最大化。因此,经济利益目标与生态旅游的当前定义似乎不太相符。在全球来看,生态旅游出现了越来越多的负面影响,这些负面影响使得生态旅游看起来和大众旅游没有太大区别,同时也验证了一些学者的担忧。生态旅游成为一些旅游企业进行市场营销的时髦用语,它们打着"生态旅游"的旗号对一些原始的偏远的自然文化景观进行无节制的开发。因此说,现存的生态旅游定义最大的不足是缺少对旅游企业责任的阐述。

综上所述,我们认为生态旅游是以往未被干扰的、自然、文化和历史景观保持相对完好的地区,理解和欣赏当地的自然和文化历史,新型的零消耗的、教育性的、浪漫的旅游活动。旅游企业在进行经营管理时应对当地资源环境进行持续的保护并进行长远的规划,应该使用当地的资源、管理者、住宿设施、导游和其他旅游设施和服务,使社区居民充分参与到生态旅游活动中来并为其带来经济收益。

生态旅游被描述为"合适的旅游""对社会负责任的旅游",劝告旅游者"轻踩踏,仅带走照片,留下脚印"。企业应真正的关注生态旅游者的需求并向其提供自然的、历史的、动植物的、考古的旅行,这些旅游形式遵循生态环境保护原则,从而避免对社会和自然环境造成干扰和破坏。企业应该关心环境问题,尽量在生态环境指导方针的框架内实施经营管理,形成正确的生态意识,支持并使用当地的旅游服务(住宿、导游等),制定长远的旅游规划,支持当地社区的各种生态环境保护项目。

生态旅游期望达到以下目的:① 对当地的环境带来最小的负面影响;② 为环境保护和自然资源保存做出持续的贡献;③ 为生态环境和社会文化的保护创造必要的资金;④ 提高旅游者和当地居民的共存和理解;⑤ 为当地居民带来经济(经济利益和就业机会)和社会效益。因此,生态旅游是建立在资源可持续发展和保护的基础上,通过对当地资源和环境的控制性的使用和管理,尽量达到对资源的零消耗的一种旅游形式。生态旅游使自然环境和人类(旅游者和当地居民)能够和谐共存并鼓励旅游者和当地居民参与到资源和环境的保护当中去。

2.2.3　生态旅游资源的概念与特点

2.2.3.1　生态旅游资源的概念

生态旅游资源一词是随着生态旅游活动而出现的概念,它是生态旅游者"回归大自然"的客体,生态旅游资源是生态旅游开展的前提和基础,也是吸引生态旅游者的客体。由于生态旅游的概念还存在争议,因此生态旅游资源也未形成一个被广泛接受的概念。

杨桂华(1999)依据旅游资源的定义把生态旅游资源定义为以生态美吸引旅游者前来进行生态旅游活动,为旅游业所利用,在保护的前提下,能够产生可持续的生态旅游综合效益的客体。

白光润(2002)认为生态旅游资源就是生态旅游产业的初始投入,是吸引生态旅游者"回归大自然"的客体,也是生态旅游得以形成和发展的物质基础。

汪华斌和周玲(2000)认为生态旅游资源主要是以自然生态系统为主要内

容,其开发利用的主要目的是为了加强自然环境保护,促进社区经济可持续发展。生态旅游目的地主要包括自然保护区、森林公园、风景名胜区、自然动植物园、复合生态区以及人工模拟生态区等,而以上各目的地资源主要以动物、植物以及特殊的自然景观、自然生态系统为主,它们都是旅游者游览观光的主要内容。

张建萍(2007)定义生态旅游资源是以生态美(自然生态和人文生态)吸引旅游者前来进行旅游活动,为生态旅游业所利用,在保护的前提下,能实现环境的优化组合、物质和能量的良性循环、经济和社会协调发展,能够产生可持续的生态旅游综合效益,具有较高观光、欣赏价值的生态旅游活动对象物,可供生态旅游者感知、享受、体验自然生态功能与价值的资源。

高峻(2010)认为生态旅游资源是自然和人文生态系统中具有生态美的特征要素,对旅游者具有吸引力,通过适当的开发可以产生经济社会效益的自然客体,以及人工建造的各种生态旅游设施、服务等。

生态旅游资源具有以下功能。

1) 吸引功能

生态旅游资源应该具有对生态旅游者的吸引力,这是生态旅游的基本条件。生态旅游资源的吸引力源于自然美和生态美,只有具有自然美和生态美的自然环境和生态系统才能吸引满足人们"回归大自然"的旅游需求。

2) 效益功能

生态旅游资源作为一种资源,必须具有经过开发后开展生态旅游活动并能够产生经济、社会、生态三大效益的基本条件。为使旅游业可持续发展,这三大效益的发挥不仅要注意近期横向的协同发展,更应该重视纵向的可持续发展。

3) 客体属性

在实际操作中,对生态旅游资源范畴的争论相当大,发达国家和发展中国家有不同的认识,同一国家不同学科的学者、不同地区具有不同的看法,这也是生态旅游中争论的焦点。

4) 保护需要

生态旅游资源及其环境是生态旅游者"回归大自然"的对象,均为原生或者保护较好的自然环境和生态系统,优质但也比较脆弱,易被破坏,需要保护。这一基本特点也是生态旅游资源区别于传统大众旅游资源的关键点之一。

综上所述,本研究认为生态旅游资源是以生态美吸引游客的旅游活动,并对游客起到环境教育功能的自然事物和具有生态文化内涵的人文因素,在保护的前提下能够产生可持续的经济、社会、生态综合效益的旅游活动对象。

2.2.3.2　生态旅游资源与传统大众旅游资源的比较

生态旅游资源与传统大众旅游资源具有相同之处也有很多不同之处。传统大众旅游资源，有三个基本特点即吸引功能、效益功能和客体属性。从表面上看，生态旅游资源较传统大众旅游资源多一项"保护需要"，但是生态旅游资源与传统大众旅游资源相同的三个基本点的内涵也存在巨大差别。表 2 - 2 列出了生态旅游资源与传统大众旅游资源的本质区别。

表 2 - 2　生态旅游资源与传统大众旅游资源比较(杨桂花,2000)

内　　　容		类　　　型	
		生态旅游资源	传统大众旅游资源
要点数量		4 个	3 个
要点内容		吸引功能;效益功能 客体属性;保护需要	吸引功能;效益功能 客体属性;
吸引功能	吸引动力	生态美(人与自然关系上的真、善、美,以及和谐的关系)	美、奇、特
	满足游客旅游需要	回归、融入大自然,达到天人合一的境界	身心疲劳的恢复
效益功能	效益内涵	经济、社会、生态	经济、社会、生态
	效益关系	三大效益横向上的协调发展与三大效益时间纵向上的可持续发展同时考虑	三大效益横向上的协调发展
客体属性	性质	具有生态美,又能开发利用产生效益的自然生态系统及天人合一的人文生态旅游资源	一切对游客有吸引力,又能开发利用产生效益的客体
	范畴举例	国家公园、自然保护区、森林公园、风景名胜区、田园风光、古朴民族风情等	历史文化名城、历史遗迹、城市风光、自然保护区、森林公园、风景名胜区、田园风光、古朴民族风情等
保护需要	保护对象	生态旅游资源、生态旅游环境、旅游目的地社会利益	
	保护措施	贯穿于规划开发、利用、管理、发展等各个方面	不提或提得少

2.2.3.3　生态旅游资源的特点

综合国内外学者对生态旅游资源的特征描述,主要从生态、美学、自然、社会、经济五个方面对生态旅游资源特征进行了阐述。

1）生态特征

（1）原生性。原生性是指生态旅游资源是天然形成的较为完整的自然景观，是经过长期的自然演变或文化沉淀，因较少受外界干扰而保持了自然生态或文化完整性和独特性。典型的如水光山色、森林草原、熔岩洞穴、荒漠戈壁、阳光海滩、生物资源等。

（2）脆弱性。生态旅游资源容易受到自然因素和人为因素的干扰和破坏，对旅游开发和旅游活动等外界干扰的承受能力是有限的，超过限度就会破坏生态旅游资源，引起生态环境退化，甚至毁灭，最终可能导致生态旅游资源价值丧失。这就是生态旅游资源的脆弱性。人为因素破坏是生态旅游资源脆弱性引起的主要因素，而且这种破坏力既持久又严重。所在生态旅游资源的开发过程中要遵循保护性开发原则，在经营管理活动中应该坚持承载力控制原则，杜绝旅游超载现象。

（3）综合性。综合性是指生态旅游资源是由地形、地貌、气候、水文、植被、动物等自然因子组成的一个综合体。生态旅游者进行旅游活动所感受的并不是其中某个单个因子，而是对整个生态旅游资源综合性的感受和欣赏。

（4）系统性。生态旅游资源各组成部分之间存在着相互联系、相互依存、相互限制的关系，正是这种共处使其构成了一个有机的系统。在这系统中存在着特有的生态结构和能量流、信息流和物质流，这些作为要素参与到这一系统中，同时也对这一生态系统的演替发挥作用。

2）美学特征

（1）和谐性。和谐性是指天然的自然资源未经人工雕琢，蕴涵着很好的生态美；或者人类遵循自然规律，与自然共同创造彼此相互和谐的文化生态系统。这些自然、文化生态系统都有一个共同的特征，即人与自然和谐，或者说具有和谐之美。

（2）可观赏性。生态旅游资源不仅使旅游者在感官上有赏心悦目的体验，更以它们丰富的美学、科学、哲学以及文化内涵吸引游客。它们在生态旅游者面前，可以引发美的感觉或美的联想，可以使旅游者获得审美愉悦的心理体验。通过这种体验过程，不同的旅游者分别或同时得到了 3 个不同层次的心理需求的满足，即在美感陶醉中获得精神愉悦，在广闻博见中得到充实自我精神的满足，在怡情、寄情中得到释放情感的满足（张建平，2003 鲁小波自然保护区生态旅游）。

3) 自然特征

生态旅游资源作为生态系统中的客体,存在着时空分布规律,在空间上具有广泛性与地域性特征,在实践上具有季节性与时代性特征。

(1) 广泛性。生态旅游资源作为客观存在,分布极为广泛。在区域空间来看,不仅是在人烟稀少的山区,就是在城市附近也存在的生态旅游资源。随着科技的不断进步,过去很难到达的南极、北极也逐渐成了生态旅游之地。

(2) 地域性。每个地区的生态旅游资源都具有独特性,是该地人文生态与自然环境长期相互适应和协调所形成的。是在当地特有的自然及文化环境下形成的具有与其他地方不同的地方性特征,即在大自然中无法找到完全一致的两个地方。如果时间和空间发生变化,其地域独特性也将不再完整。海洋和陆地不同,森林和草地不同,即便是森林,北方的森林与南方的森林也存在不同。正是生态旅游资源的多样性构成了吸引游客的真正动力。因此需要积极促进自然资源和当地文化完整性的保护,增强旅游者对自然和文化资源的保护意识。

(3) 季节性。季节性是指生态旅游资源的景观在一年中随着季节而变化的特征,这一特征决定了生态旅游活动的季节变化。如春暖花开适宜温带地区久困严冬的人们外出踏青;夏季多雨地区适合观瀑布;秋季红叶是九寨沟和北京西山最佳景致;冬季的白雪则是滑雪和观冰雕的最好季节。实际上,从时间上来看,自然景致在一日内也有变化,出现具有旅游意义的生态景观,如日出、日落都是人们欣赏的自然生态景观。

(4) 时代性。不同的历史时期,不同的社会经济背景下,旅游者的兴趣有所变化,旅游对象——旅游资源也会有所不同,因而生态旅游资源会出现时代变异的特征。如我国现代旅游发展之初,主要侧重于文物古迹旅游资源开发。随着旅游业的发展,世界各国对可持续发展的日益重视以及绿色旅游消费浪潮的兴起,自然生态逐渐作为旅游对象而成为生态旅游资源。吃农家饭、住农家院的田园旅游在近几年成为非常流行的生态旅游。

4) 社会特征

生态旅游资源在社会方面具有精神价值的无限性和不同地域上的特异民族性两大特征。

(1) 精神价值的无限性。精神价值的无限性是指渗透于无形生态旅游资源内的无形精神价值,允许人们或留给人们创造和想象的空间,与无形生态旅游资源客体的空间上的有限性相比,这一创造和想象的空间是无限的。生态旅游资源的精神价值包括美学价值、科学价值、文化价值及环境教育价值。在生态旅游资源的开发中,我们应该意识到生态旅游资源绝不只是千变万化的自然风景,更要挖掘出其中的精神价值。

(2)民族特色性。民族特色性是指不同民族文化背景下形成的人与自然和谐相处的地域特色景观。在当地文化背景下,经过长期演化,人与自然融为一体,形成了具有鲜明的民族烙印的特色景观。如在我国高海拔藏区的严酷自然环境下,出于对大自然的敬畏,不少雪山被视为神山,藏传佛教地区现今还能见到神牛、神羊等。一些民族风情较为浓郁的少数民族地区,都有自己的图腾、自己特有的生活方式。这些民族风情各地不同,因而民族的特色成为吸引游客的精髓所在。

5)经济特征

生态旅游资源是生态旅游业获得效益的基础,从资源角度上看有不可移置性、可更新性和有偿性特征;从市场需求上看有多样性特征。

(1)不可移置性。不可移置性是指生态旅游资源由于其他地域性的特征决定了它在空间上不可能完全原样地移位的特征。任何生态旅游资源都是在特定的自然地域及社会经济条件下形成的,可以移植一棵树,但却不可能移去其周围的环境及互相间的关系。生态旅游资源的地方性以及民族性决定了它只能存在于特定自然环境中,是不可随意移置的。

(2)可更新性。可更新性是指生态旅游资源由于其生态环境内生物组分的可更新,决定了它在生态规律下可以重新形成新的生态系统特征。基于这一特点,在生态旅游开发的过程中,可对一些过去曾被工农业及旅游影响甚至破坏的生态景观进行生态恢复和建设,如退耕还林、治理污染。也正是因为这一特征,使旅游业具有保护和治理环境问题的潜在要求。

(3)市场需求的多样性。市场需求的多样性是指生态旅游者对生态旅游资源的类型、品味及空间距离的要求是不尽相同的、各种各样的。从资源类型上看,有的游客喜欢秀美的山水景观,有的喜欢一望无际的大海、平原、沙漠景观,有的喜欢高耸入云的雪山冰川景观,有的喜欢世外桃源般的田园风光。从品味上看,由于高品位的生态旅游目的地意味着高价值,游客各自经济上的差异就决定了有人出入于世界自然遗迹地,有人则寻求便宜的一般目的地。一些剩余经济丰足、闲暇时间多的人往往喜欢远距离旅游,反之则寻求近距离旅游;并且,同一游客,闲暇时间长的期间可能出远门旅游,而类似周末的短时间休闲往往选择近郊地。生态旅游资源需求的多样性决定了其旅游开发也应以满足游客多样性需求来规划设计。

(4)有偿性。生态资源作为全球生态系统的一部分存在,发挥它的作用,给人类带来无形或有形的利益,从这个角度看,它们是一种无价的、需要人类好好保护并适度利用的资源。但是一旦它们作为一种生态旅游资源,被纳入生态旅游业的范畴,在开发和利用的过程,我们是不应该忽略它们的客观价值的,而且应该采取适当的评价方式来体现它们的价值,即有偿性。

2.2.4　生态旅游资源价值的概念与构成

生态旅游资源经济价值是指生态旅游资源能够满足旅游者需求的功能和效用的货币衡量。按照资源是否被旅游者使用,生态旅游资源经济价值可分为使用价值(use value,UV)和非使用价值(non-use value,NUV),见图 2 - 2。

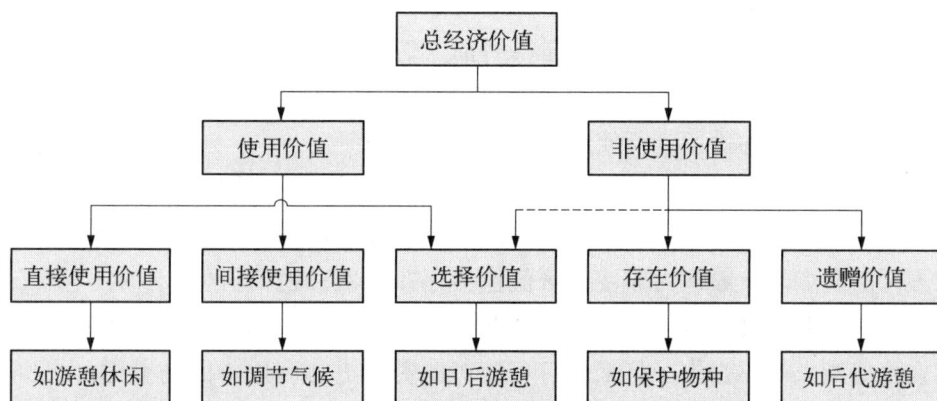

图 2 - 2　旅游资源价值分类系统

2.2.4.1　使用价值

生态旅游资源的使用价值是指当旅游者消费生态旅游资源时,这种生态旅游资源能够满足旅游者需求的作用和功能,是生态旅游资源通过旅游产品的形式提供给旅游者的效益,是直接满足旅游者消费需求的价值。生态旅游资源的使用价值实质上就指生态旅游资源的游憩价值。使用价值包括直接使用价值(direct use value,DUV)和间接使用价值(indirect use value,IUV)。

直接使用价值(DUV)指生态旅游资源满足旅游者旅游活动需求的各种功能和效用的价值,包括生态旅游资源提供的休闲、疗养、美学欣赏和科研等所带来效用。

间接使用价值(IUV)指生态旅游资源提供的非直接的,用于支持直接使用价值的各种功能和效用的价值,主要指生态旅游资源的生态服务功能,它们不能直接被旅游者使用但却是使用价值得以实现和存在的必要条件,如涵养水源、调节气候、减少空气污染等都属于间接使用价值的范畴。

选择价值是指人们不仅愿意为了消费某种生态旅游资源来支付费用，而且还愿意为自己未来的消费支付一定的费用，保留对这种资源的选择权，以便将来还有机会消费此生态旅游资源。选择价值本质上也属于使用价值。任何一种环境资源都有可能会具有选择价值。我们在利用环境资源的时候，并不希望它的功能很快完全消失，会希望在将来的某一天它的使用价值会增大，或者是由于某些原因，如果现在利用了这一资源，那么未来就不可能再获得该资源。此时我们需要做出选择，就是说，我们具有保护资源的愿望。因此，很多学者认为选择价值在某种程度上也属于非使用价值。

2.2.4.2 非使用价值

生态旅游资源的非使用价值是指目前人们并未对其进行使用，但自己的未来或子孙后代可能对其进行使用，是生态旅游资源本身客观存在的一种价值，不管人们是否对这种价值进行使用。

非使用价值相当于生态学家所认为的某种物品的内在属性，它与人们是否使用它没有关系。对于内在价值到底应该如何界定以及应该包括什么，存在很多不同的观点。一般认为非使用价值包括存在价值和遗产价值（有时还包括选择价值）。存在价值（existence value，EV）是非使用价值的一种最主要的形式。存在价值指人类不是出于将来自身可能对此资源进行利用方面的考虑，而只是为此生态旅游资源的存在而愿意对其进行的支付，存在价值是人们出于道德的考虑而对某种资源或物种进行关注。如果人类相信地球上任何一种生物和非生物都有权利和人类一样生活在地球上，人们就必须保护它们，即使它们看起来没有任何使用价值和选择价值。为了某种资源或物种的存在，人们愿意对其进行支付，这种资源或物种就有存在价值。

遗赠价值指人们为了子孙后代能够享用到某种资源或者物种的价值而愿意对其进行的支付。遗赠价值与存在价值和选择价值有较大的区别。遗赠价值是为了保障后代消费旅游资源的权利而进行的支付，存在价值不是为了任何人的消费，而仅仅是为了此旅游资源能够存活下去。

2.3 生态旅游资源价值的评估方法

生态旅游资源价值评估一直是非常重要的研究领域。评估方法主要包括费用支付法（expenditure method，EM）、直接成本法（direct cost method，DCM）、机会成本法（opportunity cost method，DCM）、旅行费用法（travel cost method，

TCM)、条件价值法(contingent value method，CVM)，其中 CVM 和 TCM 是目前较为流行的两种游憩价值评估方法。

2.3.1　条件价值法(CVM)

2.3.1.1　CVM 基本概念与理论基础

CVM 被广泛应用于各种公共物品的经济效益评估中，它的适用范围广泛，可以评估各种公共物品的使用价值和非使用价值。CVM 属于直接性评估方法，通过构建虚拟市场引出被调查者对某物品的支付意愿。假设某种旅游资源存在市场交换，通过调查(面对面调查、电话调查、邮件调查等)问卷方法获得被调查者对某旅游资源的支付意愿，经过对样本总体的汇总，得出某旅游资源的经济价值。

CVM 的基本原理是利用西方经济学上的"效用思想"(即：商品带给消费者的满足度)，以及人们追求"最大效用"的心理，考察在环境商品价格上升时人们需要支付多少费用才能维持最大效用。即：如果保持最大化效用不变，在设定一系列不同价格条件之后，就必然会得到一个等效点的支付曲线，它代表的是消费者在不同条件下的支付意愿，也能间接反映出环境物品的非使用价值。

2.3.1.2　CVM 的步骤

CVM 的运用可以分为五个步骤：一是建立虚拟市场；二是获得出价；三是估计平均支付意愿(willingness to pay，WTP)或平均受偿意愿(willingness to accept，WTA)；四是估计出价曲线；五是汇总数据。

1) 建立虚拟市场

第一步为准备评估的生态旅游资源建立一个虚拟的买卖市场。例如，要建立一个保护某旅游地生态旅游资源的一项工程，并向人们解释为了此项工程能够得以开展并继续下去，需要建立起特殊的保护基金。这就为当前没有支付要求的资源保护建立起一个为资源支付的理由。将要如何进行基金的筹集需要加以描述：必须确定出价方式，如门票、捐款等。调查问卷也应该描述如果发生了变化所有的消费者是否都愿意支付。告知被调查者有关虚拟市场所有方面的信息与被估价的生态旅游资源的一切信息。

2) 获得出价

通过面对面访谈或者通过电话访问以及邮件等形式进行调查。电话访谈是不太受被调查者接受的方法，因为关于被评估的生态旅游资源的信息很难通过电话说清楚，主要是由于人们的注意力集中的时间有限。有时会采用邮件调查，但是邮件调查的回复率通常较低。面对面的调查是最常采用的调查方法。

　　被调查者要求表明他们对资源质量提高或降低的最大 WTP 或最小 WTA,这是调查的主要内容。WTP 或 WTA 的获取可以通过竞标游戏(Bidding Game)、支付卡式(Payment Card,PC)、开放式(Open-ended,OE)、两分式(Dichotomous Choice,DC)等问题启发技术。

　　竞标游戏是所有技术中最为古老的一种。竞标游戏是这样实施的:在 CVM 研究中,被调查者会随机分配到一个特定的报价值,这个报价值是从预调查中得到的,被调查者对于这个特定报价值回答"是"或"不是",这个过程会继续直到得到"最高报价"。Davis 首次使用竞标游戏评估了猎鹅的效益,后来被很多学者用于评估公共物品的价值。而且,在很多发展中国家被广泛应用。

　　第二个最古老的技术就是 PC 问题启发技术,由 Mitchell 和 Carson(1984)首先提出。PC 问题启发技术包括被评估的公共物品的一系列报价值,被调查者需要从中选择一个最大的 WTP 值。虽然 PC 问题启发技术有一些优点,如能够引出被调查者最大的 WTP 值,但是 PC 问题启发技术的缺点是引出的 WTP 可能会受到范围偏差和中心偏差的影响。而且,PC 问题启发技术的使用具有一定的局限性,尤其是对于缺乏 PC 使用经验的发展中国家和乡村地区的被调查者来说,PC 的局限性表现得更为明显。

　　OE 问题启发技术包括询问被调查者对一个物品最大的 WTP。OE 问题启发技术不需要调查者,也不会导致起点偏差。对于期望获得保守的评估值的 CVM 调查来说,OE 问题启发技术是非常有效的。因为在某种程度上说,相比竞标游戏,OE 方法所得的 WTP 值更为保守。但是,这个方法也受到了很多的质疑。Desvousges(1993)指出 OE 问题启发技术会导致较多的无回复或者抗议回复,因为被调查者有时会感觉很难回答或者不能提供正确的回答。Hanemann(1994)认为 OE 问题启发技术会引起策略偏差。

　　基于以上问题启发技术存在的问题,Bishop 和 Heberlein(1979)介绍了单边界两分法(Single Bound Dichotomous Choice,SBDC)。它是从一系列的预调查报价值中选取一个报价值,这个报价值能够反映被调查者对某一物品的最大 WTP。被调查者被询问接受还是不接受这一报价。SBDC 最大的优点就是它可以帮助被调查者完成整个评估过程,而且,策略偏差也会减少。尽管它有很多优点,SBDC 也存在一些缺点。其中一个缺点就是使用这种问题引发技术可以获得被调查者最大的 WTP 或者最小的 WTA,但不一定是其真实的 WTP。SBDC 在以下两种情景下可能不起作用:当所评估的公共物品是通过无偿性捐赠给予

供给的,或者评所估的是一种新的物品。而且,当被调查者已经决定了他们的
WTP 时,这个方法不太具有可行性。另一个问题是它需要较大的样本量以观察
各报价值的分布特征。

　　Hanemann 后来又介绍了一种 SBDC 的改进方法,Carson(1985)称其为"双
边界两分法"(Double Bound Dichotomous Choice,DBDC)。需要在初始报价基
础上增加一个报价值,增加的报价值的大小取决于被调查者对第一个报价值回
答是"是"还是"不是"。这种方法被 Carson and Steinberg(1990)和 Hanemann
(1991)首次使用。DBDC 比 SBDC 更具统计有效性。DBDC 的一个问题就是它
需要较大的样本量,复杂的经济学技术等,从而导致了调查成本的增加。而且,
DBDC 得到的评估结果容易出现起点偏差和"yes-saying"现象。

　　3) 估算平均的 WTP 或 WTA

　　如果在进行问卷调查时使用的是 OE 问题启发技术,此时计算 WTP 或
WTA 的平均值或者中位值就比较简单。经常会发现 WTP 的平均值大于其
中位值,因为 WTP 平均值经常会受到极值的影响使其偏大。如果在进行问
卷调查时使用的是 DC 调查启发技术,那么计算 WTP 或者 WTA 就会很
复杂。

　　下面介绍 SBDC 调查问卷法对 WTP 的计算,SBDC 调查问卷方法采用的是
随机效用理论。

　　对于一系列设定的报价值,被调查者有权选择接受,或者拒绝。理论上称这
样的方法为二元选择,它是诱导人们给出支付意愿的最佳方法。选择接受时,表
明被调查者愿意支付该报价值,从而表达出个人的"最大效用",反之则拒绝。两
种选择由于受许多随机因素的影响因而都属于有给定参数的变量,也都有均值。
当二者均值都为 0 时,有函数关系为:

$$\nu(1, Y; S) + \varepsilon_1 = \nu(0, Y; S) + \varepsilon_0 \tag{2-1}$$

式中　ν——间接效用函数;

　　　　Y——被调查者每月收入;

　　　　S——影响偏好的个人特征因素(如:年龄、性别、教育程度等);

　　　　ε_1 和 ε_0——接受或拒绝时均值为 0 情况下的变量参数。

　　当给出报价值 A 后,被调查者只有当:

$$\nu(1, Y-A; S) + \varepsilon_1 \geqslant \nu(0, Y; S) + \varepsilon_0 \tag{2-2}$$

时才会选择接受,否则就会选择拒绝,不等式的左侧代表"效用最大化",而效用差 $\Delta\nu$ 则能用来估计被调查者选择接受报价的概率。$\Delta\nu$ 可以表达为:

$$\Delta\nu = \nu(1, Y-A; S) - \nu(0, Y; S) + (\varepsilon_1 - \varepsilon_0) \qquad (2-3)$$

选择接受的概率(P_i)则通常用 Logit 二元选择逻辑模型来加以表达,即:

$$P_i = (1 + e^{-\Delta\nu})^{-1} = (1 + e^{-(\alpha+\beta A)})^{-1} \qquad (2-4)$$

式中 α——常数;

β——报价值 A 的系数。

使用上式中的估计参数,通过下式就可以分别求出 WTP 的中位值和平均值,即:

$$M(\text{WTP}) = \frac{\beta_0}{\beta} \qquad (2-5)$$

$$E(\text{WTP}) = (1/\beta)\ln(1 + \exp(\beta_0)) \qquad (2-6)$$

式中 β_0——常数项(α)与其他独立变量的参数与其平均值乘积的和。

4) 估计出价曲线

调查 WTP 或 WTA 的决定性因素有益于总结结果和评价 CVM 的有效性。在 OE 问题启发技术中,用 WTP 或 WTA 的数值作为因变量和一定范围的自变量可以估计出 CVM 的一条出价曲线。例如,WTP 出价可能相对于收入(IN)、教育(EN)和年龄(AGE)以及某个衡量所竞价资源质量(Q)"数量"的变量而倒退,如果他们随着被调查者的变化而变化:

$$\text{WTP}_i = f(\text{IN}_i, \text{EN}_i, \text{AGE}_i, Q_i) \qquad (2-7)$$

因变量要选择从理论的角度看有可能可以解释 WTP 的那些变量。在 DC 问题启发技术中,出价曲线是对数函数,它预测了对某一特定报价值回答"是"的概率。出价曲线的解释能力有时被视为对一项 CVM 调查成功还是失败的检测,因为较差的解释能力意味着调查失败。但是,较好的解释能力并不能说明 CVM 的调查结果可以信赖。

5) 汇总数据

汇总是指将一个或几个平均出价转化为一个人群总体价值数据的过程。如果期望衡量正在调查的资源的总经济价值,那么这个数据应该包括所有被发现与价值有关的构成部分,例如现存价值和使用价值。在汇总总经济价值时,需要考虑三个问题。① 对相关人群的选择。在构建取样框架时就应该确定下来相关人群的选择。一般相关人群是效用会受到行为显著影响的所有个体或在相关的区域范围内将受到行为影响的所有个体。我们必须对判断个体属于哪个人群的标准作出规定,相关群体可以是局部的居民、地区的居民或者全国的居民。② 由样本均值推导总人群均值。样本均值乘以人群中的家庭数目或者人群数量即为总人群均值。然而,所抽取的样本特征可能不能代表总体人群特征。比如,所抽取的样本可能具有过低的收入水平或者男性占绝大比例。这种情况下所推算出的总人群均值则不具代表性。因此,所抽取的样本的社会经济特征应能够反应总体人群的社会经济特征。③ 选择应该选择汇总收益的时期。这取决于所规定的 CVM 研究实行的时间。如果环境收益流的现值随着时间的过去是有利息的,那么利润一般要进行折现。当发生不可逆转的环境损失时,现值是以单利来折现计算的。在所收益或成本在足够长的时间间期内随着时间流动的情况下,就会面临着利用当前的偏好去衡量未来偏好的必要性及如何进行折现。

2.3.1.3　WTP 和 WTA 之间的差异

Hicks(1946)把"消费者剩余测量法"分为两个不同的类型,称为"补偿变量"和"等量变量"。补偿变量是指因为某种效益的丢失需要补偿给个体的金钱数量(如：WTA)。等量变量是指为了防止某种效益在将来消失消费者需要牺牲的金钱数量(如：WTP)。

从严格的经济角度来说,CVM 是通过补偿变量或等量变量来评估因公共物品供给的变化而产生的 Hicksian 消费者剩余。理论上来说 WTP 和 WTA 都可以用来引出个体对于某种环境或服务的偏好的变化。但是,WTP 和 WTA 有哪些区别呢? 如果用于同样的物品的评估,从理论上和实践上讲 WTA 总是大于 WTP 的,这是已经得到证实的事实。问题是哪种方法应该被用于 CVM 调查中从而引出所供给的公共物品价值的变化? 在探讨这个问题之前,首先阐述一下为什么 WTP 和 WTA 之间会出现差异。

很多因素导致了 WTP 和 WTA 之间出现差异。Willig(1976)从理论上阐述了 WTP 和 WTA 的差异,认为 WTP 和 WTA 的差异应该归咎于"收入影响"。从严格意义上说,经济学中的收入影响是指额外收入对于购买某一特定物品的数量的影响。收入影响的含义是个体对某一物品的 WTP 会因为收入的减少而减少,然而 WTA 则不会受到收入的影响。从这个意义上说,WIllig 的结论可以理解为对于一个收入需求弹性高的物品,WTP 和 WTA 会出现偏离。

Randall 和 Stoll(1980)扩展了 Willig 的分析,从"价格领域"扩展到了"商品领域",表明如果个体对某公共物品的 WTP 和 WTA 没有受到不正常收入的影响,则它们是较为接近的。在进一步解释它们的差异时,Hanemann 认为:① 对于数量上的改变(和价格的改变不同),WTP 和 WTA 测量结果应该接近的假设是不一定正确的;② 收入影响和替代影响都能解释 WTP 和 WTA 之间的差异。这就意味着 WTP 和 WTA 的差异可以从 0 到无限大,这依赖于物品之间的替代程度,同时伴随着正向的收入弹性。

　　一些早期的研究试图探究替代性对于 WTP 和 WTA 之间差异的影响。比如,Shogren 等(1994)研究了人们对于替代性强的两种私人物品和一个没有替代物品的公共物品的 WTP 和 WTA,结果表明对于私人物品经过反复的实验,WTP 和 WTA 之间的差异就会消失,然而这种差异对于公共物品来说是较大且持续的。这些研究结果不仅表明替代性在解释 WTP 和 WTA 之间差异的作用而且表明被调查者对于实验的熟悉度可以减少 WTP 和 WTA 之间的差异。另一个实验表明,Adamowicz 等(1993)将没有替代物品和有替代物品的两种物品作为对象进行评估,实验结果表明替代因素确实可以解释 WTP 和 WTA 评估结果的差异。但是,作者认为即使替代因素能够减少这种差异,但也不能够彻底消除整个差异。这就表明还有其他的因素可以解释 WTP 和 WTA 之间的差异。

　　除了收入和替代因素的影响,经济学和心理学的一些理论也可以用来解释 WTP 和 WTA 之间的差异。比如,Kahneman 和 Tversky(1979)提出的"前景理论"也解释了 WTP 和 WTA 结果的变化。根据 Kahneman 和 Tversky 的观点,对于某一个体,因为失去某种物品而丢失的收益要比因得到某种物品而获得的收益要大。这是因为相比于收入减少所带来的收益,收入增加会带来相对较小的收益。

　　Coase(1960)提出所有权和交易费也是 WTP 和 WTA 产生差异的原因。比如,WTP 和 WTA 的差异可能是因为在使用 WTA 时,个体放弃了潜在的所有权。Mitchell and Carson 认为在很多情况下,个体认为通过 WTA 获得的所有权是不合法的或是不合情理的。因此,在 CVM 调查中使用 WTA 会产生很多抗议性支付。除了所有权,获得产品和服务中所产生的交易费可能也会导致 WTP 和 WTA 的差异。在市场交易期间,消费者会计算购买或者销售某个物品的成本,成本不仅包括这个物品的价格而且还包括交易费。当购买某个物品时,被调查者的支付意愿不包括交易费,而当销售同样的物品时,接受的补偿中将包括交易费。但是,公共物品的交易市场是不存在的或者是不健全的,因此,交易费理论在解释 WTP 和 WTA 差异中可能起不到预想的作用。

　　除了理论方面的,CVM 的调查实验也会影响 WTP 和 WTA 的差异。Cummings(1986)用"熟悉"理论不仅解释了 WTP 和 WTA 的差异而且还解释了 CVM 研究中存在的其他偏差问题。在 CVM 调查中,被调查者对于评估的物品和实验的熟悉度有助于解释 CVM 中存在的一些问题,这个事实已经被很多学者证明。这些实验表明重复的实验(为被调查者提供足够的时间去了解被评估物品)会使 WTP 和 WTA 更加接近。在很多情况下,WTA 评估结果会随着实验的重复而逐渐下降,然而,WTP 测量结果经过多次实验仍能保持稳定。这些结果为 Hoen 和 Randall(1987)的观点提供了支持,他们认为对于那些没有足够的时间去考虑其决定的被调查者,WTP 和 WTA 的差异会更大。

　　总体来说,WTP 和 WTA 差异的研究表明 WTP 和 WTA 之间较大的差异归因于 CVM 的特点,包括虚拟市场、使用学生作为实验对象、使用不同的引出方式等。这就是说,如果实验的设计非常符合实际,WTP 和 WTA 的差异会缩小。但是,Horowitz 和 McConnell 的元分析结果提出了不同的看法。为了测试是实验本身还是个体之间较大的偏好差异导致了 WTA 与 WTP 较大的比率,Horowitz 等进行了一系列的元分析。他分析了关于 WTA 和 WTP 比率的 45 项研究,评估的物品包括巧克力、笔、狩猎许可证、电影票等,实验结果表明:在真实支付的实验中 WTA 和 WTP 比率与虚拟支付实验中 WTA 和 WTP 的比率没有显著区别。这个结果和传统的观点是相反的,传统的观点认为真实支付的实验比虚拟支付的实验更具优越性。另外一个和早期的研究相反的结论是对于学生来说 WTA 和 WTP 的比率要低于一般的大众。这就意味着把以学生为调查样本的实验室实验引入到真实的支付情景中不会减少 WTA 和 WTP 的比率。而且,被调查者对于实验的熟悉度也不会降低 WTA 和 WTP 的比率。Horowitz 和 McConnell 的研究表明 WTA 和 WTP 较高的比率不是由实验本身导致的而是来自于个体之间偏好的差异。

　　从以上讨论可以看出,WTP 和 WTA 之间的差异确实是存在的,这个差异是由很多因素引起的,比如收入影响、替代影响、交易费、个体之间偏好的差异等。而且,这种差异在理论和实践研究中已经被很多学者所接受。但是,一个需要回答的问题是:WTA 和 WTP 之间有多大的差异? Hanemann 认为 WTA 比WTP 大五倍多。但是一些实践研究表明对于同一个物品,WTP 和 WTA 的差异从最低的 2.4 倍到最高的 61 倍。WTP 和 WTA 在实践研究中的较大差异有以下两点解释：① WTA 是错误的或者 WTP 是错误的，或者两者都是错误的；② WTA 并不是消费者剩余的合理测量方法，WTP 应该被作为合理的测量方法运用到 CVM 研究中。我们认同观点②的解释，即 WTP 是较为合理的测量方法应该被运用到 CVM 研究中。

2.3.1.4 CVM 实施的指导方针

Bateman 和 Turner(1993)回顾了 CVM 存在的各种问题，认为合理的实验和严谨的实施可以减少 CVM 的各种偏差。提出了一系列的 CVM 实施的指导方针：① 只对被调查者熟悉的物品进行 CVM 实验；② 所设计的虚拟情景应该是现实的、可行的，容易理解的，不应该有很高的不确定性；③ 应该避免使用 WTA；④ 支付方式应该是现实的且合适的；⑤ 使用 CVM 对公共物品使用价值的评估会比对其非使用价值的评估更加准确；⑥ 使用 OE 和 DC 问题启发技术提供较高的或较低的评估界限；⑦ 调查应该询问个体想要怎么做而不是对于行为的态度；⑧ 设计的虚拟情景应该是物品的供给取决于行为；⑨ 应该向被调查者提供足够的(而不是过多的)无偏差的信息；⑩ 应该包含特定问题和方法以减少嵌套偏差；⑪ 样本大小应该具有统计学意义；⑫ 避免起点偏差；⑬ 避免通过问卷、信息或者调查者向被调查者提供任何直接的或暗示性的线索；⑭ 慎重选择面对面、电话、邮件等调查方法，确定合理的样本群体；⑮ 当被调查者有评估公共物品的经验时，CVM 会起到更大的作用；⑯ 在 DC 问卷中，最高报价应该选择几乎没人接受的报价值，最低的报价应该选择几乎所有人都能够接受的报价值；⑰ 告知被调查者其他人对此物品的支付也是必需的，这样可能会减少不回复的可能，但可能会增加"免费搭乘"或"策略出价"；⑱ 数据汇总时需要非常谨慎；⑲ 应该进行理论有效性检验，进一步的理论检验应该包括：一是在不同的时间重复测试检查其可靠性；二是应该报告所有结果，包括样本的社会经济特征、提供给被调查者的详细信息和整个问卷的重印。

很多学者认为 CVM 可以用来评估公共物品的使用价值但不能评估其非使用价值，NOAA 认为只要遵循一定的指导方针，CVM 同样可以被用来评估公共物品的非使用价值。重要的方针包括：① 确定合适的样本人群；② 减少无回复率；③ 使用面访而不是邮件或者电话调查；④ 调查者不能向被调查者提供任何暗示性的信息；⑤ 报道取样人口的定义，取样框架的使用、样本无回复率等；⑥ 正式调查之前进行预调查；⑦ 当被调查者对回答不确定时采用保守的估计；⑧ 使用 WTP 而不是 WTA；⑨ 使用公投的形式而不是 OE；⑩ 准确地向被调查者描述政策或者程序；⑪ 在描述虚拟情景时采用照片等手段；⑫ 提醒被调查者存在未被损坏的替代品;⑬ 引导被调查者陈述"接受"或"不接受"的原因;⑭ 使被调查者想起替代支付的可能性。

虽然上述指导方针具有一定的普遍性,但 CVM 的研究者应该有选择的使用这些指导方针,尤其是在发展中国家,主要取决于研究地的社会经济和制度等方面的情况。

2.3.2　旅行费用法(TCM)

2.3.2.1　TCM 的基本概念与理论基础

TCM 用来评估旅游者通过消费某种旅游资源和服务所获取的收益。TCM 是使用旅行费用代替游览某旅游目的地的价格。观察到的游览和游览费用之间的统计关系被推导出来,并被用作从中可以衡量出消费者剩余的替代需求曲线。TCM 假设所有旅游者消费该环境资源而获得的总效益是相等的,那么距离被评估的旅游目的地越远的游客的消费者剩余越小;距离被评估的旅游目的地越近的游客的消费者剩余越大。

2.3.2.2　TCM 的基本模型

TCM 主要有三种模型,即传统旅行费用模型(Traditional travel cost method)、随机旅行费用模型(Random Utility Model,RUM)和享乐旅行费用模型(Hedonic Priced Method,HPM)。

最为典型的旅行费用模型是传统旅行费用模型,传统旅行费用模型包括个人旅行费用模型(individual travel cost method,ITCM)和分区旅行费用模型(zonal travel cost method,ZTCM)。ZTCM 是最简单的旅行费用模型,该模型按照旅游者的来源地划分为若干个出游小区,根据各小区的出游率和旅行费用之间的关系来估计需求曲线。ITCM 起源于 20 世纪 70 年代,它将某一个体在一定时间内旅行的次数作为因变量,旅行费用及社会经济变量作为自变量。利用回归分析找出旅游者的出游率与旅行费用和其他社会经济变量之间的关系。但对于重游率较低的旅游目的地来说可能出现无法估算需求函数的情况。ITCM 只适用于单目的地情景,不能处理多目的地旅行的问题。

为了解决多目的地旅行的问题,Ben‐Akiva 等学者将游客的选择理论纳入多目的地旅行中,从而产生了 RUM。它能够处理传统的 TCM 所不能处理的替代目的地选择问题。在 RUM 模型中,如何定义游客面对的替代旅游目的地,使之符合选择理论,并产生理论和统计上都可接受的价格弹性是今后研究的主要问题。

HTCM 用于评价旅游目的地的特征及其经济价值,它主要研究某一个体游览同一个地区的多个旅游目的地的情况。Brown 和 Mendelsohn 在 1984 年首次提出了 HTCM。而后,Englin 和 Mendelsohn 在 1991 年,Pendleton 和 Mendelsohn 在 2000 年分别进行了进一步的研究,这一模型在我国的应用相对较少。

2.3.2.3　TCM 的步骤

传统 TCM 的分区旅行费用法(ZTCM)是最早发展起来的模型,以下主要介绍 ZTCM 的具体实施步骤。

(1) 定义和划分旅游者的出发小区。以评价地为中心,把评价地四周的地区按距离、行政区划或收入水平等标准划分为若干小区。

(2) 在评价地对旅游者进行抽样调查。抽样地点可以选择评价地的入口处也可以选择在评价地的各主要景点或者旅游者聚集地。调查每个旅游者的出发地、旅行费用、被调查者的社会经济特征等,从而确定被调查者的出发小区、出游率等。

(3) 计算每个出游小区到此评价地的出游率。

(4) 求出旅游费用对出游率的影响。根据被调查者的资料,对不同小区的出游率和旅行费用以及各种社会经济变量进行回归,求出需求曲线即旅游费用对出游率的影响。根据出游率和旅游费用回归方程求出每个出游小区追加一定费用所对应的旅游人次。当增加费用达到某一值时,总旅游人次便为零。从而建立各出游小区旅游人次与旅行费用之间的旅游需求函数模型。

(5) 确定对该目的地的实际需求曲线。根据第一步的信息,对每一个出发小区第一阶段的需求函数进行校正可求出每个小区旅游率与旅行费用的关系。目前,还没有一个确定的模型来反应旅游率和旅行费用之间的关系,应用较为广泛的模型有线性模型、线性对数模型、对数线性模型和双对数模型。

(6) 计算每个小区的消费者剩余。通过门票的不断增加来确定旅游人数的变化从而求出不同出游小区旅游者的消费者剩余。

2.3.2.4　TCM 存在的问题

在真正的实施过程中,TCM 存在很多问题,如多目的地旅游者的处理、时间成本的处理等。

1) 多目的地旅行的问题

评价地一般不是旅游者的唯一旅游目的地,某次旅程会涉及很多旅游目的地。如果将整个旅程的旅行费用都计算到所评价旅游目的地是不科学的。

TCM 的一个最主要的假设是旅游者进行的是单目的地旅行,如果在旅行中包含多个旅行目的地,则此假设无效。但单目的地旅行在现实中实现的可能性非常小,解决多目的地旅行问题的一个方法就是在样本中去除多目的地旅游者或者把所有旅游者当作单目的地旅游者来对待。尽管从方法论的角度来说是可行的,但是 Loomis 和 Kuosmanen 的研究显示,这样的做法会使结果出现偏差,影响旅游目的地使用价值的评估结果。

另一种做法就是把整个旅行费用的一部分作为所研究的旅行目的地的旅行费用。这就需要对游客的所有旅行费用按照一定的标准进行分成,具体的分成方法有很多,如按过夜数、门票,或者按游客偏好等标准进行分配。还有学者采用定量分析和专家评价法相结合的方法,如层次分析法、熵权方法对多目的地旅行费用进行分配等。这种做法目前被很多研究所采用,但它同样存在一些问题,如:会削弱 TCM 的基本原理。TCM 遵循的原则就是随着价格的上升需求下降。当只使用所有旅行费用的一部分时,价格和需求的这种关系就会消失。

2)时间价值的问题

对于某些旅游者来说,外出旅行需要一定的时间,需要放弃一定时间内去做其他事情的机会,这就会产生时间价值。但对某些旅游者来说,利用闲暇时间旅游从某种意义上来说,不一定是时间的浪费,即不一定意味着是一种成本。自从 TCM 出现以来,如何处理时间成本一直是学术界争议的问题。实质上,支持时间机会成本应该作为旅行成本一部分的学者认为旅游目的地是一种稀缺商品,在计算这种稀缺商品的使用价值时应包含时间机会成本,否则会增加需求价格弹性,从而会减少旅游目的地的使用价值。学者们使用了一系列的方法去计算时间机会成本,如有人认为时间机会成本应该占工资一定的比例,但是这种方法也存在很多问题,如所占工资比例的标准不统一,有的学者认为应该占工资的 1/4,有学者认为应该占工资的 1/2。还有学者提出使用劳动力供给模型来计算时间机会成本或者使用陈述偏好方法获得时间机会成本的相关信息。尽管后者具有一定可应用性但是也存在一些问题,如在问卷调查中增加了陈述性偏好的相关问题必定会增加问卷的主观性。Beal 试图引出澳大利亚 Giiaween 和 Carnarvon 森林公园旅游者的时间机会成本,最后得出的结论是在旅行成本中加入时间机会成本是不合理的。因此,本研究并没有把时间成本作为旅行成本的一部分,这和很多研究的做法是一致的。

3)取样偏差的问题

在通过调查收集收据时,取样的多少和调查时间的长短要受到经费的限制,所以一般仅对评价地的旅游者进行抽样调查,而不能对评价地的家庭进行访谈,可能会引起偏差。

4）间接使用者的问题

TCM 获得的是评价地直接使用者获得的收益,他不包括间接使用者获取的收益。它也没有包括资源的存在价值和选择价值。因此,TCM 会低估资源的总经济价值。在实际运用中,应该把 TCM 与其他评价方法如 CVM 结合起来使用。

5）对海外旅游者的处理

各类研究对于海外旅游者的处理方法不一。本研究是忽略了所有海外旅游者样本。从一个国家的角度考虑,海外旅游者的消费者剩余是无关紧要的,本研究从样本中去除了海外旅游者。

2.4　小　结

本章从自然资源相关理论和价值相关理论方面阐述研究的理论基础,总结生态旅游源起、对生态旅游的概念进行了界定,并阐述了生态旅游资源的概念及特点。在此基础上对生态旅游资源价值的概念和构成进行了总结。重点介绍了生态旅游资源价值的评估方法(CVM 和 TCM)的理论基础和实施步骤等问题。

第3章 达赉湖自然保护区概况

3.1 达赉湖自然保护区基本情况

3.1.1 地理位置及湖泊特征

3.1.1.1 地理位置

达赉湖,是中国五大湖泊之一,也是中国北方第一大湖,位于内蒙古自治区呼伦贝尔市境内呼伦贝尔草原西部(48°30′40″N～49°20′40″N,116°50′10″E～118°10′10″E),素有"草原明珠"的美誉。湖区与其周围湿地及其径流构成的淡水资源,在维持生态系统平衡、生物多样性和丰富生物资源方面发挥着巨大作用,在区域生态环境保护中具有特殊的地位,是我国北方生态屏障的重要组成部分。

3.1.1.2 湖泊特征

达赉湖流域广阔,地下水及地表水资源丰富。由于受自然条件的影响,水文区域分异特征比较明显。达赉湖水系包括哈拉哈河、贝尔湖、乌尔逊河、乌兰诺尔、克鲁伦河、达兰鄂罗木河等支流。全流域大小河流共 80 条,河流总长度2 374.9 km,流域面积 37 214 km²。

达赉湖呈东北至西南走向的不规则斜长方形,湖长 93 km,平均宽度 32 km,最大湖宽 41 km,历史上湖水面积约 2 339 km²,对应水位 545.5 m 以上,蓄水量170 亿 m³。在西侧接近陡崖处坡度较大,北、东、南三面较平缓,最深处在湖盆偏西的中心位置。达赉湖属于平原湖泊,湖区水下地形呈浅碟形状。根据监测资料,1959—2014 年湖区水位变化幅度基本上处于 540～545.08 m,相应库容40.1 亿～144.2 亿 m³,湖面面积 1 771.6～2 258.6 km²。

达赉湖具有吞吐湖泊和内陆湖泊的双重特点。湖水主要来自发源于蒙古国东部的克鲁伦河,以及从东面把它与贝尔湖连接的乌尔逊河。达赉湖水系是海拉尔河的组成部分,达赉湖既是海拉尔河洪水吞吐的场所,也是海拉尔河的源头之一。历史上两者通过达兰鄂罗木河相连,后因修建滨洲铁路需要和扎兰诺尔矿区防洪安全需要,堵截了达兰鄂罗木河,阻隔了海拉尔河和达赉湖的水力联系。20世纪60年代通过修建新开河、疏浚河道等措施,恢复了海拉尔河和达赉湖的水力联系。20世纪五六十年代达赉湖水位较高,湖水流向海拉尔河;70年代达赉湖水面缩小,停止外流;1984—1985年湖水又流向海拉尔河,外流入海。现状条件下,新开河是一条吞吐性河流,当海拉尔河处于大流量高水位时,海拉尔河水顺着新开河流入达赉湖,当达赉湖水处于高水位时湖水又顺此河流向海拉尔河,水位低时则成为内陆湖。

达赉湖是一个由淡水湖和半咸水湖不断转化的湖泊。研究表明,达赉湖的水位和矿化度之间存在极高的相关关系,当湖泊处于高水位时,基本呈淡水湖特征,当湖泊处于低水位时,基本呈现出咸水湖或半咸水湖特征。20世纪三四十年代,达赉湖水盐分超过1 000 mg/L,属于半咸水湖;50~60年代,湖水含盐量在1 100~777 mg/L之间,湖水一度变为淡水湖;70年代湖水含盐量又有所增高,盐分超过1 000 mg/L,属微咸水湖;80年代后,湖水含盐量仍大于1 000 mg/L,但出现盐分降低的趋势,到1985年已下降到1 055 mg/L,仍属微咸水湖;20世纪90年代后期,由于湖水水位持续下降,水质也出现了很大变化;到2006年湖水含盐量高达千分之1.6,pH也从1960年代的8.5涨至2006年的9.1,湖水水质呈现盐碱化增强趋势;2010年以后,随着水位逐渐回升,湖水盐分也随之降低,到2013年,湖水恢复淡水湖标准。

3.1.2 自然条件

3.1.2.1 地形地貌

流域位于大兴安岭西麓内蒙古高原东部的呼伦贝尔高平原。该地区地貌由湖盆低地、滨湖平原和冲积平原、河漫滩、沙地、低山丘陵及高平原等六种类型组成。

滨湖平原和冲积平原主要分布在达赉湖北端、南端和东西环湖一带,是克鲁伦河、乌尔逊河、海拉尔河在古代冲积而形成,后又经湖水淹没改造的一部分平坦地区,海拔在545~800 m之间。冲积平原与滨湖平原区域相连,没有明确的界线,二者之间的差别在于冲积平原的冲积物在河水的作用下又受到不同程度风的改造,其高度略高于滨湖平原。

河漫滩分布于河流沿岸一带,形成河流型湿地。其主要特征是地势低洼平

坦,土壤由砂砾和黏土组成,上覆茂盛植被。沙地主要分布于达赉湖东、南一带,
呈条状分布。一条在达赉湖东岸,沿湖岸呈南北方向分布;另一条在乌尔逊河以
东,甘珠尔庙以北,呈南北方向分布。沙丘、沙岗一般是呈固定或半固定状态。
低山丘陵主要分布在达赉湖西一带,呈南西—北东走向,多为中生代酸性火山
岩。高平原是本地区分布最广的地貌类型。

3.1.2.2　气候特征

达赉湖流域地处呼伦贝尔高原的西部中高纬度地带,为半干旱草原,属中温
带大陆性气候。冬季从 10 月上旬开始至翌年 5 月上旬;春季从 5 月上旬开始至
6 月下旬止;夏季从 6 月下旬开始止于 8 月上旬,而后秋季,周而复始。冬季严
寒漫长,春季干旱多风,夏季温凉短促,秋季降温急骤,霜冻早。

流域属中温带半干旱气候,年均气温 $-0.1℃$,1 月平均气温 $-22.7℃$,极端
最低气温 $-42.7℃$,7 月平均气温 $19.8℃$,极端最高气温 $40.1℃$。达赉湖地区纬
度高、晴天多,日照充足,日照时数历年平均为 2 840 h;夏半年(4—9 月)的日照
时数在 1 600~1 800 h,日照百分率为 60%~70%;冬半年(10—3 月)日照时数
在 1 240~1 330 h,日照百分率高达 70%~73%。

流域降水量少、变率大、降水集中在夏季。1961—2013 年年降水量
114.66~591.97 mm,多年平均降水量 259.48 mm,是呼伦贝尔市境内降水量最
少的地区。流域降雨量总体上东北向西南递减,其中满洲里市年平均降水量为
284.6 mm,新巴尔虎左旗 279.7 mm,新巴尔虎右旗 241.4 mm。降水集中在 6—
9 月,占全年总量的 80%~86%,峰值在每年 7、8 月份,这两月降水量可达
145~170 mm。

湖区水面蒸发量大,春、夏季天气回暖,空气湿度小,风速小,形成强烈的蒸
发。冬季温度低,蒸发量小。流域范围内年蒸发量在 1 400~1 900 mm,远大于
降水量 5~6 倍。是呼伦贝尔市蒸发量最大的区域。湖区常年主导风向是西北
风,年平均风速 5.2 m/s,最大风速曾出现 27 m/s。

3.1.2.3　主要水系

达赉湖流域内有主要河流 4 条,分别是克鲁伦河、乌尔逊河、哈拉哈河和新
开河。此外,还有连接达赉湖和海拉尔河的"引河济湖"人工河道和直接入湖的
多条河沟。

3.1.2.4　土壤植被

达赉湖流域的土壤在母质、气候、生物、地形、时间等自然成土因素的综合作
用下,形成 6 个土纲、8 个土类、23 个亚类。由于该地区气候干旱、风大,致使地

面物质粗糙,土层浅薄。栗钙土是该流域的地带性土壤,主要分布在流域内的低山丘陵,冲积平原及河岸低洼地(表3-1)。

表3-1 达赉湖流域土壤及植被分布

分 布		主要地形	主要植被类型	土壤类型
达赉湖沿岸	达赉湖西北片	低山丘陵、丘陵	冷蒿＋克氏针茅群落;冷蒿＋禾草＋杂类草	暗栗钙土
	达赉湖西南岸	冲积平原	糙隐子草＋克氏针茅＋杂类草;多根葱＋羊草＋丛生禾草群落	栗钙土
	达赉湖东南岸	高平原	旱生小灌木或半灌木	栗钙土
	达赉湖东片	高平原、丘陵	盐化草甸群落	暗栗钙土
	达赉湖北片	冲积平原	苔草、红顶草和中生杂类草甸群落	盐化栗钙土、草甸沼泽土
贝尔湖片区		冲积平原	丛生禾草群落	沉积栗钙土、盐化栗钙土
乌尔逊河谷地		低河漫滩、低阶地	禾草、苔草、杂类草草甸群落	灰色草甸土、沼泽土
克鲁伦河谷地		低河漫滩、低阶地	禾草＋杂类草盐化草甸	灰色草甸土、沼泽土
乌兰诺尔		沼泽	大针茅＋羊草草原植被	沉积栗钙土、盐化栗钙土

达赉湖流域的地带性植被为草原,它是欧亚大陆草原区亚洲中部亚区的组成部分。由于地形、地貌、水文、气候和人文因素等条件的差异,植被总的分布趋势是自北向南由半干旱逐渐向干旱过渡,植物种类和群落结构趋于简化。受局部地形等非地带性因素影响,又有盐化、沼泽、沙生等隐藏性植被分布。植被总体是以克氏针茅、大针茅为建群种的典型草原群落为主。

3.1.2.5 物种多样性

据调查,研究区内共有种子植物74科653种,在植物区划上属欧亚草原植物区亚洲中部亚区,因此,在植物区系组成上以达乌里—哈萨克—蒙古植物种占重要地位。另外,本地区植物区系组成的特征是含单属单种和少属少种的科较多,此特征是由湿地地理位置所决定的,它反映了本区植物区系的基本性质。

研究区内藻类隶属8门、21目、38科,共187种属。年平均生物量为

8.1 mg/L。春季以绿藻门的十字藻、卵囊藻为优势种,其他 3 个季节均以蓝藻门中的微囊藻、鱼腥藻、腔球藻占优势。特别是在夏季和秋季初,会形成很浓的"水华"。该湖属于蓝、绿藻型的中富营养湖泊。

达赉湖流域有鱼类 33 种,分属 5 目 8 科。其中鲤形目为 26 种,鲤科占 24 种,鳅科占 2 种;非鲤形目的鱼仅占 7 种,即鲇形目鲇科 1 种,鳕形目鳕科 1 种;鲈形目塘鳢科 1 种。

研究区内共计有两栖爬行类 5 种,哺乳类 35 种,其中国家二级保护哺乳动物 3 种。研究区内有鸟类 337 种,分布有国家重点保护鸟类 57 种,其中有国家一级保护鸟类 10 种,国家二级保护鸟类 47 种,其中白鹤、丹顶鹤、白枕鹤已在《濒危野生动物国际贸易公约》中列入世界濒危物种,大鸨、丹顶鹤、乌雕、白枕鹤、白鹤、鸿雁、花脸鸭、白肩雕、半蹼鹬、栗斑腹鹀、黄爪隼、遗鸥、白头鹤、玉带海雕、白尾海雕、青头潜鸭、小白额雁被列入世界受严重威胁的物种。鹤类在研究区内的物种资源中占有重要地位。全世界有鹤类 15 种,我国有 9 种,居世界之冠,内蒙古共有鹤类 6 种,研究区内都有分布,占世界鹤类种数的 75%。其中蓑羽鹤、丹顶鹤、灰鹤在研究区内有繁殖。其他物种如雁鸭类、鸥类、鹭类、鹬类、雀形目鸟类等种群数量也十分庞大。

3.1.3 管理现状及旅游发展概况

3.1.3.1 管理现状

保护区由达赉湖水域、贝尔湖(中国部分)、乌尔逊河、克鲁伦河入湖口、乌兰诺尔、新达赉湖及其附近草原组成。面积 7 400 km²,其中:湿地 3 253 km²;草原 4 047 km²;沙地 100 km²。保护区功能区划分为乌兰诺尔核心区、嘎拉达白辛核心区、呼伦沟核心区、贝尔湖核心区、小河口旅游区。

管理机构为内蒙古达赉湖国家级自然保护区管理局。内设办公室、科技宣教科、资源保护管理科;下设四个核心区保护站和两个旅游区管理站;一个驻新巴尔虎右旗办事处。保护区管理局的主要职责为常年进行保护区内湿地、草原和生物多样性科研监测,依法保护自然资源和生态环境,公众宣传教育及对外合作。

在自然资源的保护管理上,建立了纵向条条管理和横向块块管理相结合体系。纵向管理体系:管理局局长—资源保护管理科长—六个管护站站长—各站保护管理人员。横向管理体系:把整个保护区划成六快,分别作为每个站代表管理局进行保护管理和行政执法的管辖。

鸟类迁徙考察。在每年春季4月10日至5月1日,是该区众多夏候鸟、旅鸟往北迁徙的时候。自1995年,每年对保护区全范围内进行鸟类考察。以调查统计鸟类区系组成、种群数量、分布地点、行为特征等为主要内容。自从2002年开始,鸟类考察面积扩大到环达赉湖约30 000 km²内所有湖、河湿地。

巡护监测,在保护区的核心区周围及重点区域和敏感区域划定大小巡护路线、设定巡护观测点进行管理和鸟类观测。在大小巡护路线上共设定50处鸟类观测点,到每个观测点填写科研监测记录。

常年监测。各站均有一名科研人员,对其辖区内鸟类进行常年观测,作好观测记录。

3.1.3.2 旅游发展概况

保护区内的小河口旅游区,又名呼伦湖旅游景区,始建于1982年,1983年7月3日正式运营,隶属呼伦湖渔业公司。2001年4月30日以渔业公司控股的方式,整体加入呼伦贝尔百合生态旅游集团公司,更名为呼伦湖旅游景区。2014年又归回渔业公司。小河口旅游区2011—2016年的旅游收入和游客接待量如图3-1所示。

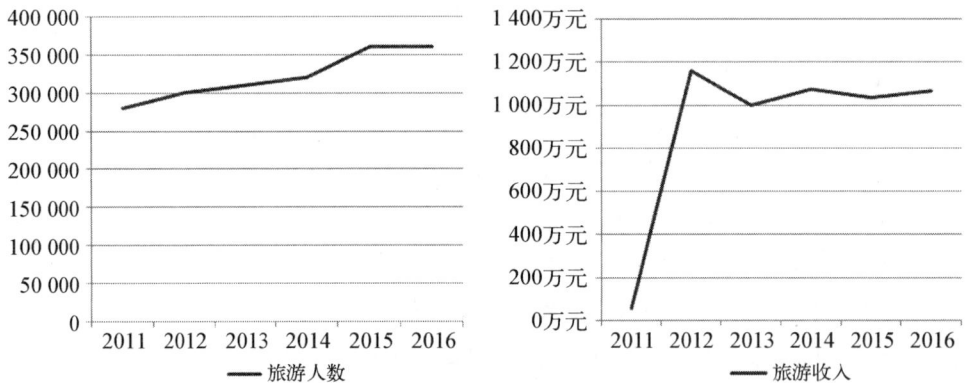

图3-1　游客接待量及旅游收入(2011—2016年)

3.1.4　社会经济发展概况

3.1.4.1　行政区域

达赉湖流域横跨满洲里市、新巴尔虎左旗、新巴尔虎右旗以及扎赉诺尔区四个行政区域,一市两旗一区总面积4.8万 km²。其中,满洲里市732.44 km²;新巴尔虎左旗面积约为 2.2 万 km^2;新巴尔虎右旗面积约为 2.5 万 km^2;扎赉诺尔区面积约为 311.97 km^2。

3.1.4.2　人口分布

达赉湖流域所处一市两旗一区内人口总数约 37.7 万人。其中,满洲里市 2013 年末总人口 20.3 万人,常住人口 15.3 万人;新巴尔虎左旗是一个以蒙古族为主体,全旗有蒙古、汉、满、达斡尔等 15 个民族,总人口约为 4.2 万;新巴尔虎右旗位于中俄蒙三国交界处,人口近 3.5 万,也是一个以蒙古族为主体,汉、达斡尔、鄂温克、鄂伦春、回、满等 11 个民族聚居的边疆少数民族地区;扎赉诺尔区总人口 9.7 万人,有汉、蒙、满、回、俄罗斯等 19 个民族。

3.1.4.3　社会经济

2013 年一市两旗一区四个行政区域 GDP 总值 300.7 亿元,其中第一产业增加值 15.2 亿元;第二产业增加值 128.2 亿元;第三产业增加值 157.3 亿元,流域范围内三产结构比例 5∶43∶52(总计 100)。2013 年末牲畜养殖约 288.1 万头。2013 年,满洲里市(含扎赉诺尔区)全市生产总值达 195 亿元,增长 9.5%(按可比价格计算,下同)。其中,第一产业增加值完成 3.6 亿元,增长 4.1%;第二产业增加值完成 53.9 亿元,增长 12.3%;第三产业增加值完成 137.5 亿元,增长 8.5%。三产结构比例为 2∶29∶69。全市人均地区生产总值达 7.8 万元,增长 11%。万元 GDP 能耗下降 3.4%。

2013 年,新巴尔虎左旗全旗地区生产总值完成 32.8 亿元,同比增长 1.8%。其中:第一产业增加值完成 7 亿元,同比增长 4.6%;第二产业增加值完成 16.4 亿元,同比增长 0.1%;第三产业增加值完成 9.4 亿元,同比增长 2.4%。三产结构比例为 21∶50∶29。全社会固定资产投资完成 20.3 亿元,同比下降 39.2%。社会消费品零售总额完成 5.3 亿元,同比增长 12.6%。地方财政收入完成 2.4 亿元,同比下降 24%。地方财政总支出完成 8.7 亿元,同比增长 5%。城镇居民人均可支配收入和牧民人均纯收入分别达到 17 980 元和 14 310 元,同比增长 7.8% 和 14.8%。

2013 年,新巴尔虎右旗经济总体呈现较快增长态势。据初步测算,2013 年,新右旗实现地区生产总值 72.9 亿元。其中第一产业完成增加值 4.6 亿元,增长 5.5%;第二产业完成增加值 57.9 亿元,增长 13.7%,其中工业增加值 56.7 亿元,增长 13.7%,建筑业增加值 1.2 亿元,增长 14.4%;第三产业完成增加值 10.4 亿元,增长 6.9%。三次产业结构为 6.3∶79.4∶14.3。人均生产总值达 206 798 元,按可比价格计算,比上年增长 12.5%,如表 3-2 所示。

表 3 - 2　2013 年达赉湖流域国民经济与社会发展情况

行政区域	面积（km²）	人口（万人）	农村人口（万人）	GDP（亿元）	一产增加值（亿元）	二产增加值（亿元）	三产增加值（亿元）	城镇居民人均可支配收入（元）	牧民人均纯收入（元）
满洲里市	732.44	30		195	3.6	53.9	137.5	25 800	
新左旗	22 000	4.2	19 081	32.8	7	16.4	9.4	17 980	14 310
新右旗	25 194	3.5	16 254	72.9	4.6	57.9	10.4	19 232	14 420
合　计	47 926.44	37.7	35 335	300.7	15.2	128.2	157.3	63 012	28 730

3.2　保护区的工作开展情况

3.2.1　保护管理工作体系

社区管理。构建和谐社区关系，以建立社区伙伴关系为目标，走访群众全面了解辖区居民的生产生活情况，深入调研社区矛盾解决措施，开展扶贫结对活动。在辖区建立了居民档案，设立义务管护员，让公众积极参与保护，提高他们的自然保护意识，理解并支持自然保护区的建设和发展。

现场管理。主要以核心区、缓冲区的严格保护和鸟类栖息繁殖地、鱼类洄游通道、产卵地等重点生境和敏感区域的管理为重点。各站以巡护管理、群众举报案件和突发事件的处理来实施现场管理工作。

行政执法。近十年来，保护区管理局共处理各类违法案件 400 多起，没收、销毁违法工具 3 000 余件，有效遏制了保护区内的违法行为，保护了自然资源。通过行政执法培训，不断提高依法行政水平。

3.2.2　科研监测工作体系

保护区主要以鸟类、草原和湿地植被监测工作为主，其内容和手段逐渐完善细化。1995 年以来，选定了湿地、植被监测样方 17 处，永久监测点 50 处，建立了 8 处具有代表性的植被永久性生态监测样地。各管护站均有 1 名专职科研人员，配有各式望远镜、汽车、摩托车、GPS 及通信设备。他们负责对其辖区内敏感地区的鸟类进行常年监测。通过参加鸟类监测、GIS、植被监测等专业培训，提高他们的日常监测水平。固定了以春、夏、秋三季为主的保护区及周边地区鸟类资源,经多年的监测,保护区记录鸟类由原来的 241 种增加至 333 种,共发现新记录 92 种。

科研成果不断在各类刊物上发表。此外收集了与达赉湖自然保护区相关的学术文章共 51 篇,编制成达赉湖自然保护区科学论文集两册。保护区已完成了湿地、动植物资源的综合考察,并编制出版了《内蒙古呼伦湖国家级自然保护区综合考察报告》。

不断拓展对外科研合作渠道,与中央民族大学、北京林业大学、内蒙古农业大学、国际鹤类基金会、呼伦贝尔市气象局、中科院南京地理与湖泊研究所、环境保护部南京环境科学研究所等建立了长期的合作关系。并通过合作开展了中加内蒙古生物多样性保护和社区发展项目、黑龙江流域水资源管理研究项目、犬科动物生境研究、呼伦湖地区气候变化及其对生态环境的影响、额尔古纳河流域生物多样性监测项目、两爬类动物监测项目、鹤类监测项目等。

3.2.3　宣传教育工作体系

制作高质量的宣传资料,设立警示牌、宣传牌,充分利用广大媒体、网络,宣传和报道自然保护区的重大事件和发展情况。呼伦贝尔日报社、呼伦贝尔电视台、新巴尔虎右旗电视台、中央电视台、中央人民广播电台记者多次对保护区进行了专访,了解了达乌尔国际保护区的合作情况、自然保护区各项工作情况及面临的主要问题等,录制了节目,并分别循环播出。

在"湿地日""世界环境日""世界生物多样性日""地球日"等纪念日,以散发宣传单等形式开展公共宣传活动,加强自然保护区的宣传力度。十年来共发放各类宣传资料 2 万余份,在保护区重点区域、主要路口、保护区外界设立警示宣传标牌 100 余个,收到了很好的宣传效果。

对自然保护区周边群众的宣传教育,采取通俗易懂的宣传教育方式,使周边群众充分认识到自然保护区建设与当地经济建设、生态环境保护和资源可持续利用的关系,提高参与自然保护区建设和管理的自觉性;通过法制宣传教育,提高周边群众的法制观念,达到依法管理,依法治区的目的。

对中小学生采取新奇多样的有创新、有特色的宣传教育,通过参加野外活动、夏令营等形式,提高他们的兴趣。以科普宣传教育为主,丰富中小学生的自然保护知识,增强青少年热爱家乡、热爱自然、热爱自然保护区、热爱野生动物的观念。针对不同的人群采取不同宣传教育方式,保护区每年都组织对社区牧民及社会各界人士进行宣传,使他们了解保护区,支持保护区。成功举办了两届"达赉湖杯"学生知识竞赛活动和一届"6.5"世界环境日"达赉湖杯"演讲比赛活动。平均每年对学生的宣教量可达 800 人次,对社区牧民的宣教量可达 500 人次。积极参加了"寻找中国最美湿地"的评选活动,达赉湖湿地被评为"中国生态保护最佳湿地"。

3.2.4 对外合作

中蒙俄 CMR—达乌尔国际自然保护区的成立,开创了世界上三个国家共同建立国际自然保护区的先河,并为自然保护事业的多国合作树立了典范。三方成员一直在科学考察、学术交流、宣传教育等方面进行积极合作,取得了极大的成功。2006 年和 2007 年呼伦湖自然保护区分别在中国成功举办了三国国际儿童绘画展和夏令营活动。参加活动的师生达 500 余人次,今年 9 月,应邀参加了俄罗斯达乌尔斯克自然保护区成立 20 周年的庆典活动。20 年来,国际自然保护区共召开了 5 次联合委员会会议,保护区三方成功合作进行考察和宣传教育等活动 60 余次。

多年来,保护区还与多个国际组织合作。如:国际鹤类基金会、国际爱护动物基金会、世界自然基金会、GEF 项目、加拿大农业发展项目等。通过项目的实施,加强了自然保护区的能力建设,拓展了资金来源渠道,保护区的工作人员在项目的实施过程中也得到了锻炼和提高。

为了加强与国内外保护区之间的交流与合作,保护区先后分别与美国玛洛尔国家野生动物庇护地、江苏大丰麋鹿自然保护区、云南西双版纳自然保护区建立了姊妹保护区的关系,与加拿大黑赞马国家公园结成了姊妹保护区。2007年,达赉湖生物圈保护区还与国内其他 9 个知名的湿地类型自然保护区共同成立了"中国东部候鸟迁徙网络姊妹保护区网络",并每年召开学术交流会议,促进共同发展。

此外,为顺应经济新常态、加快呼伦湖综合治理工作进程,保护区管理局积极开展对外合作项目:与中国科学院南京地理与湖泊研究所合作共建保护区生态系统定位研究站,与南京环境科学研究所、内蒙古和信园蒙草抗旱绿化股份有限公司在草地生态修复、沙化修复等领域开展项目合作。这三家在合作的重点领域具有丰富的经验和雄厚的实力,与其成功合作是保护区管理局在加快推进呼伦湖综合治理工作中取得的又一项重要成果,对进一步提升保护区科研监测能力,加快保护区生态旅游开发进程具有重要的推动作用。

3.3　达赉湖自然保护区客源市场调查分析

2010 年关于游客的调查共分为两大部分:第一部分是使用 CVM 评估达赉湖自然保护区生态旅游资源的使用价值而进行的问卷调查,共发放问卷 1 000份,回收有效问卷 812 份(附录 2);第二部分是使用 TCM 评估达赉湖自然保护区生态旅游资源的使用价值而进行的问卷调查,共发放问卷 800 份,回收有效问卷 662 份(附录 3)。因每部分问卷信息量较大,为了不因问卷问题太多而引起游客的厌烦,因此通过两类问卷分别对游客进行调查。调查时间为 2010 年 6 月至 9 月。两部分共发放问卷 1 800 份,回收有效问卷 1 474 份,以下关于达赉湖自然保护区客源市场的调查分析主要根据回收的 1 474 份有效问卷进行分析。

3.3.1　游客的社会经济特征分析

1) 性别分析

本次调查男性游客为 836 人,占样本总数的56.7%;女性游客为 638 人,占样本总数 43.3%。因为达赉湖自然保护区主要属于观赏游玩型保护区,对游客体力的要求不高,所以被调查者男女比例相差不大(见图 3-2)。

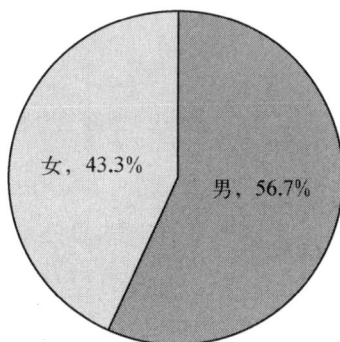

图 3-2　保护区游客性别构成

2) 年龄分析

根据调查结果,年龄在 31 到 50 岁之间的游客所占比例最多,为 48.6%;年龄在 30 岁以下的游客所占比例为 34.0%;50 岁以上的游客占 17.4%(见图 3-3)。

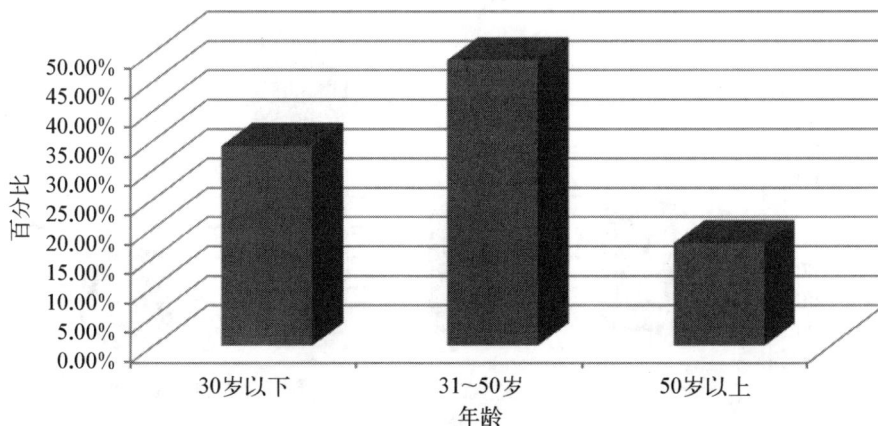

图 3-3　保护区游客年龄构成

3）教育程度分析

被调查者教育程度以大专及以上文化程度为主，其中大专及以上学历的旅游者所占的比重最大，达到80.7%（见图3-4）。

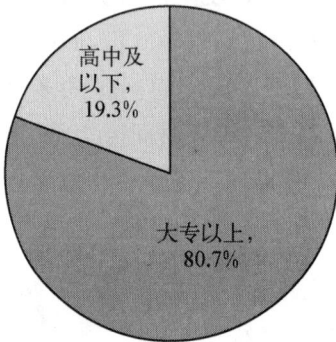

图3-4　保护区游客教育程度构成

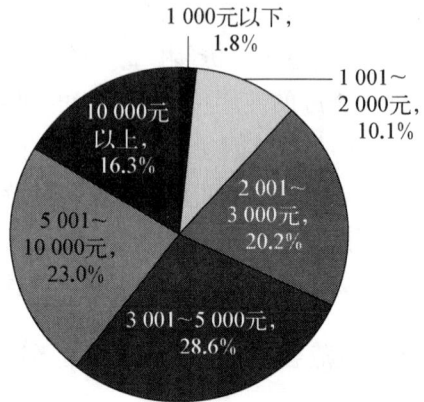

图3-5　保护区游客的收入构成

4）收入状况

被调查者月收入总体水平较高，1 000元及以下的占总样本的1.8%，月收入在1 001～2 000元者占总样本的10.1%，2 001～3 000元者占20.2%，3 001～5 000元者占28.6%，5 001～10 000元者占23.0%，月收入10 000元以上者占总样本16.3%（见图3-5）。

5）家庭状况

21.7%的被调查者是单身，20.0%的被调查者是两口之家，44.4%的被调查者是三口之家，13.9%的被调查者是四口之家或更多（见图3-6）。

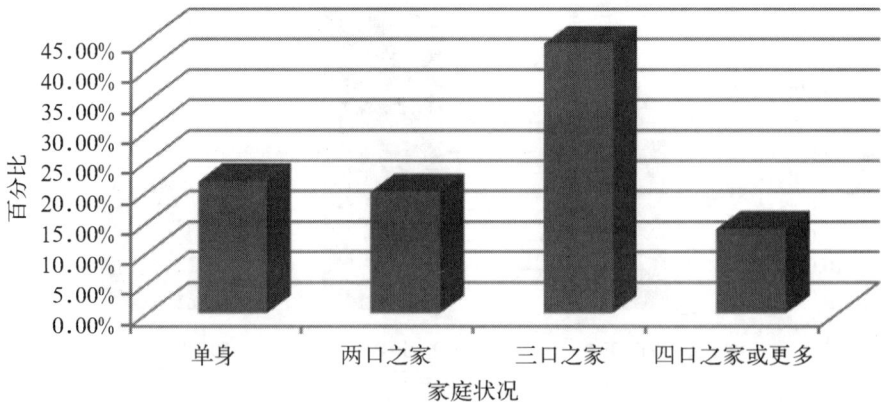

图3-6　保护区游客家庭人口构成

3.3.2　游客消费行为特征分析

1）游览时间

60.1％的被调查者在保护区停留时间小于或等于 6 小时，表明大多数被调查者在保护区停留时间较短（见图 3-7）。

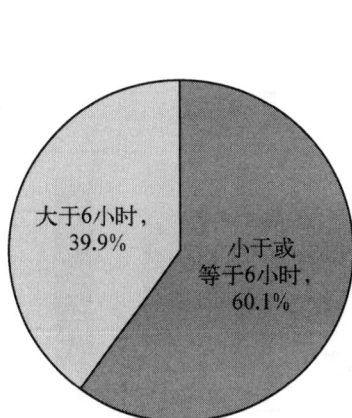

图 3-7　游客在保护区的游览时间

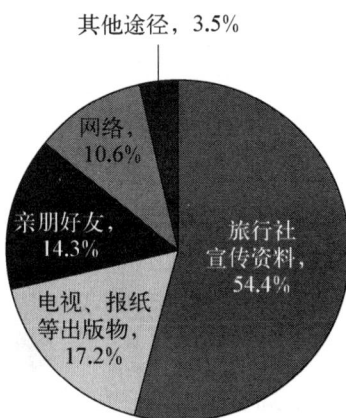

图 3-8　游客了解保护区的信息渠道

2）重游率及信息渠道

93.2％的被调查者是首次来到达赉湖自然保护区，主要是由于旅行成本较高而导致较低的重游率。6 旅游者了解达赉湖自然保护区的信息渠道：54.4％被调查者是首先确定了呼伦贝尔作为其旅游目的地，在线路选取时通过旅行社的宣传资料了解达赉湖自然保护区，从而选择了达赉湖自然保护区作为其旅游目的地之一；17.2％的被调查者是通过电视、报纸、图书、杂志了解达赉湖自然保护区；通过亲朋好友的介绍了解达赉湖自然保护区的被调查者达14.3％；10.6％的被调查者是通过网络对达赉湖自然保护区有所了解；3.5％的被调查者是通过其他途径了解达赉湖自然保护区（见图 3-8）。旅游者了解达赉湖自然保护区的信息渠道表明，达赉湖自然保护区在呼伦贝尔具有一定的知名度，但由于达赉湖自然保护区距客源地较远，旅行成本较高，达赉湖自身还不能吸引太多的游客前来游览，因此保护区在宣传时应该借助呼伦贝尔的知名度，注意和呼伦贝尔其他景点的协调，推出精品旅游线路。电视、图书、杂志等传统宣传渠道仍具有很重要的影响力。同时也要注意亲朋好友的口碑在保护区宣传中的作用，网络也是新兴的一种重要的信息渠道，也应充分加以利用。

3) 游客对保护区八个因子的评分及重要性评价

根据李克特五级量表法,游客对保护区的景观美感、动植物丰富度、湖水干净度、沙滩干净度、环境卫生、可进入性、拥挤度、娱乐设施 8 个评价因子进行了打分。8 个因子的平均分即游客的满意度为 3.71 分。如图 3-9 所示,八个因子中分数最高的是动植物丰富度和景观美感,分数最低的是环境卫生、沙滩干净度和湖水干净度。说明保护区具有较明显的资源优势,但环境卫生等方面还有待提高。

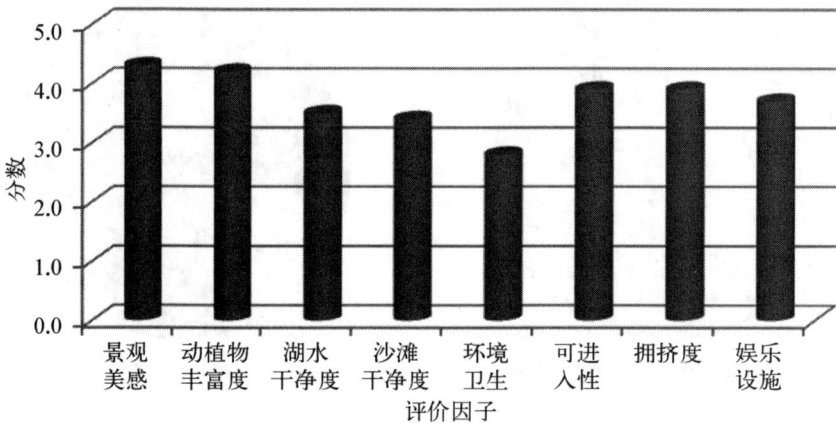

图 3-9 游客对八个因子的评分

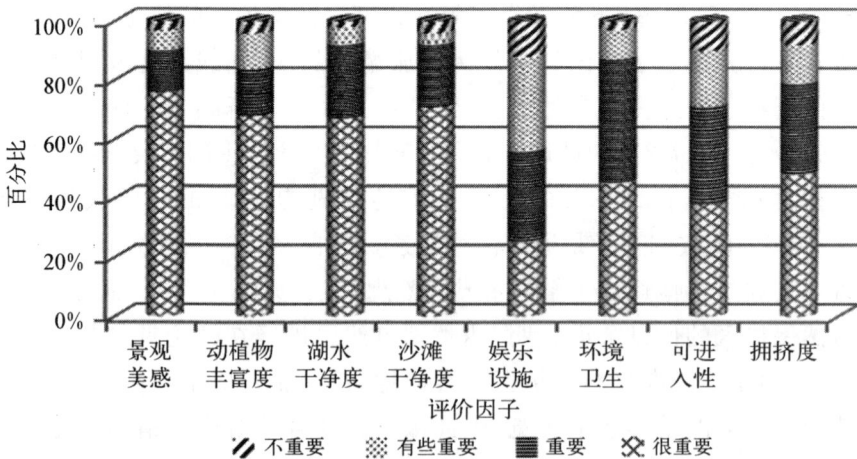

图 3-10 游客对八个因子的重要度评价

图 3-10 表明,大部分游客都认为八个因子都很重要或重要。相比其他因子来说,更多的游客认为景观美感、动植物丰富度、湖水干净度、沙滩干净度四大

因子更为重要。70％以上的游客认为景观美感和沙滩干净度很重要,近 70％的游客认为动植物丰富度和湖水干净度很重要。八个因子中,游客对保护区娱乐设施的要求相对不高,仅 25％的游客认为很重要,31％的游客认为重要,32％和12％的游客认为有些重要或不重要。说明游客对保护区的旅游资源和环境清洁度要求较高,而对娱乐设施的要求并不高。

3.3.3　国内游客的空间分布特征研究

1）客源市场空间分布的地理集中指数模型

用客源市场集中指数对旅游客源市场空间分布集中性进行分析,其模型为:

$$G = 100 \times \sqrt{\sum_{i=1}^{n}\left(\frac{X_i}{T}\right)^2} \tag{3-1}$$

式中,G 为客源市场集中指数;X_i 为第 i 个客源市场游客数量;T 为旅游地接待游客总量;n 为客源地总数。

G 值越大,表明客源市场越少越集中;G 值越小,客源市场越多越分散。

2）旅游市场空间结构

调查结果表明,2010 年达赉湖自然保护区国内游客的空间分布较分散,除陕西、青海、甘肃等少数省市外,其他各省都有分布,由于内蒙古地带较为狭长,呼伦贝尔位于内蒙古自治区较为偏远的位置,本地区游客所占比例较少,外省游客占较大比例。呼伦贝尔游客占总游客的 6.76％,除呼伦贝尔外的其他内蒙古游客仅占总游客的 0.66％。市场份额位于前五位的是北京、上海、黑龙江、呼伦贝尔和浙江,五个客源地的市场份额占总份额的 34.59％。市场份额超过 5％还有广东、辽宁、山东、河北、吉林和江苏,这 11 个省市所占的市场份额达到总市场份额的近 70％。由以公式 3-1,达赉湖自然保护区的 G 值为 23,说明达赉湖自然保护区的客源市场较分散。

根据达赉湖自然保护区客源市场的分布情况,可把达赉湖自然保护区的客源市场划分为三种类型,如表 3-3 和表 3-4 所示。达赉湖自然保护区 67.37％的游客集中在一级客源市场(北京、上海、黑龙江、呼伦贝尔(地级市)、浙江、广东、辽宁、山东、河北、吉林、江苏),25.08％的游客集中在二级客源市场(福建、安徽、四川、重庆、湖北、天津、湖南),8.53％的游客集中在边缘客源市场(内蒙古(除呼伦贝尔市外)、云南、山西、河南、海南、江西、广西、陕西)。一级和二级客源市场主要是经济较为发达或者距达赉湖自然保护区较近的省市,边缘客源市场主要是一些经济欠发达,相对比较偏远的地区。达赉湖自然保护区的一级客源市场较为分散,二级客源市场所占市场份额较少,边缘客源市场具有一定的不稳定性。因此保护区应加强促销力度,进一步稳定一级客源市场,扩大二级客源市场,并力争使边缘客源市场向二级客源市场转变。

表 3-3　达赉湖自然保护区国内游客空间分布

位　次	客源地	被调查人次	比　例
1	北　京	114	7.73%
2	上　海	105	7.12%
3	黑龙江	101	6.85%
4	呼伦贝尔	99	6.72%
5	浙　江	91	6.17%
6	广　东	88	5.97%
7	辽　宁	85	5.77%
8	山　东	83	5.63%
9	河　北	77	5.22%
10	吉　林	76	5.16%
11	江　苏	74	5.03%
12	福　建	72	4.88%
13	安　徽	69	4.68%
14	四　川	63	4.27%
15	重　庆	46	4.12%
16	湖　北	39	2.65%
17	天　津	33	2.24%
17	湖　南	33	2.24%
18	内　蒙	26	1.76%
19	云　南	21	1.42%
20	山　西	16	1.08%
21	河　南	15	1.02%
22	海　南	14	0.95%

位　次	客源地	被调查人次	比　例
22	江　西	14	0.95%
23	广　西	12	0.81%
24	陕　西	8	0.54%

注：除呼伦贝尔外的其他小区为省级，呼伦贝尔为地级市（因该保护区位于呼伦贝尔市）。

表 3 - 4　达赉湖自然保护区国内客源地分类

客源地类型	所占市场份额	省市名称	各类型客源市场累计市场份额
一级客源市场	5%以上	北京、上海、黑龙江、呼伦贝尔、浙江、广东、辽宁、山东、河北、吉林、江苏	67.37%
二级客源市场	2%～5%	福建、安徽、四川、重庆、湖北、天津、湖南	25.08%
边缘市场	2%以下	内蒙古（除呼伦贝尔市外）、云南、山西、河南、海南、江西、广西、陕西	8.53%

3.4　小　结

本章介绍了达赉湖自然保护区的概况，同时对达赉湖自然保护区的客源市场做了较为详细的分析。分析了达赉湖自然保护区游客的社会经济特征、游客的消费行为，并对达赉湖自然保护区国内市场的空间分布情况进行了研究。研究结果显示如下两点。

（1）游客在保护区停留时间较短，游客对保护区满意度有待提高，尤其是保护区环境卫生是游客最不满意的方面。游客对保护区的生态旅游资源和环境清洁度要求较高，而对娱乐设施的要求并不高。

（2）达赉湖自然保护区的一级客源市场较为分散，二级客源市场所占市场份额较少，边缘客源市场具有一定的不稳定性。

第4章 资源非使用价值的评估

4.1 问卷设计和调查方法

4.1.1 支付方式的确定

由于 CVM 要利用假设性市场或情景进行估价,因此支付方式不当必然会产生假想偏差,并影响最终的评价结果。为此,本研究在设计上采用了两种支付情景。一是虚拟支付,让被调查者简单表述是否愿意接受某个报价值;二是真实支付,要求被调查者提供一个明确的组织机构,并告知被调查者此组织机构将与其联系,商量具体捐款事宜。

就生态旅游资源的非使用价值支付意愿而言,支付的形式一般有纳税、门票和捐款三种。其中,捐款要比纳税或门票更为有效,因此本研究选择"捐款"作为具体的支付形式。

4.1.2 调查方式和方法的确定

本研究在问卷调查时采用了面对面的方式。鉴于被调查者大多不熟悉 CVM,因此在正式调查之前,我们采用了预调查和初试调查,以便给正式调查问卷的修正提供更多信息,使正式调查报价更为合理。预调查中采用开放式调查,初试调查中采用支付卡形式的调查,分别对来自不同背景的 110 名被调查者进行了启发式调查。在正式调查阶段,采用两分式问题法,它比开放式或支付卡问题法更容易回答。

4.1.3 样本大小的选择

按照常规原则,CVM 问卷的投放量应不少于 500 份。鉴于本研究调查的范围比较广,因此调查期间(2010 年 5 月至 10 月)调查组共发放了 700 份问卷(见附录 1),回收有效问卷 551 份,回收率为 78.7%。

4.1.4　调查人群的确定

被调查者的样本选择直接关系到 WTP 和非使用价值的大小,而了解和关注达赉湖自然保护区的人显然大多为保护区周边的居民。因此,本研究的调查范围主要集中在呼伦贝尔市的 1 区 4 市 8 旗,调查人群包括农民、牧民、工人、普通职员、教师、公务员等。

4.1.5　问卷调查内容

调查问卷共分 5 个部分。

第 1 部分:研究目的及达赉湖自然保护区介绍。主要向被调查者介绍达赉湖自然保护区、生态环境、生态旅游资源现状,以及保护区的多种生态功能。

第 2 部分:被调查者的认识程度。主要包括被调查者对达赉湖自然保护区的了解程度,对当地资源开发利用影响的认识程度,以及对生态环境的认知程度和态度。

第 3 部分:虚拟支付。主要按预调查和初试调查中被调查者选择频率最高的 9 个报价,即:10 元、20 元、50 元、80 元、100 元、120 元、150 元、180 元、200 元以上,设计出 9 类不同问卷,对 9 类问卷进行随机抽取,要求每类问卷的样本量基本相同。问题如下:

资源的无序开发和利用已经对达赉湖自然保护区生态旅游资源造成了很大的影响,为保护达赉湖的生态旅游资源,您是否愿意每年为其捐赠_____元?

是(　　)　　　　否(　　)

对于不接受此报价的被调查者跳过第 4 部分,直接填写第 5 部分。而对于接受的,则继续填写第 4 部分。

第 4 部分:真实支付。主要用于减少 CVM 的假想偏差,便于了解虚拟支付和真实支付之间的差别。问卷中为被调查者提供三个环境组织机构,即:中国环境保护基金会、绿眼睛环境组织、自然之友,然后让被调查者选择其中之一,并写下自己的信息。问题如下:

如果您愿意为保护达赉湖自然保护区的生态旅游资源进行捐款,请写下您的名字、住址、联系方式,并提供一个您比较信任的环境保护组织的名字,此组织将与您联系商量捐款事宜。

如果被调查者选择了某个组织机构,并留下了个人信息,则表明该人确实有支付的意愿。而如果拒绝，则认为该人在第 3 部分并没有给出真实的支付意愿。设计关系如图 4-1 所示。

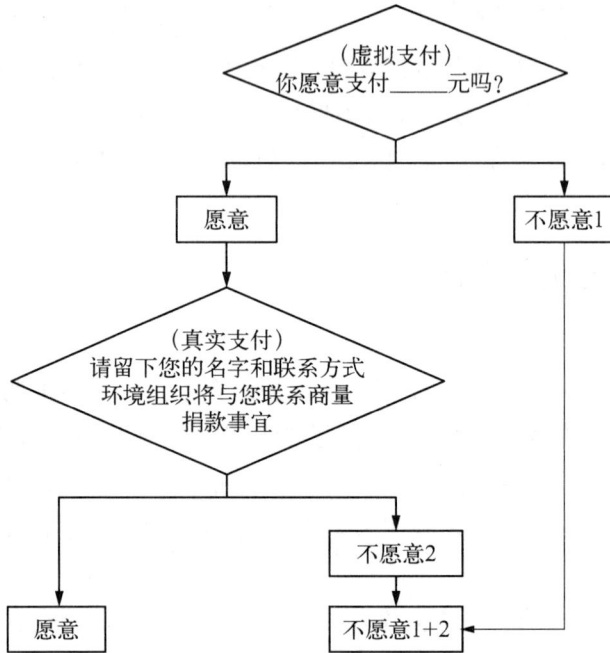

图 4-1　实验设计流程图

第 5 部分：被调查者特征。包括被调查者的年龄、性别、职业、月收入、教育程度。

4.2　结果与讨论

4.2.1　被调查者社会经济特征研究

在 551 名被调查者中，男性占 58.1％；年龄 18～30 岁的占 36.4％，31～50 岁的占 45.7％，50 岁以上的占 17.7％；近 1/3 有大专以上学历；近 40％的月收入在 2 001～3 000 元之间，17.8％在 1 001～2 000 元之间，27.1％在 3 001～4 000 元之间；工人、牧民、农民分别占总样本的 15.3％、15.3％、14.5％，教师占 11.6％，公务员占 13.1％，普通职员占 9.4％，个体职业者占 13.6％，其他人员占 7.2％。表明被调查者具有比较广泛的社会特征，符合随机抽样调查原则。

4.2.2　假想偏差与接受频度

按虚拟支付和真实支付两种情景分别进行统计，结果表明(表 4-1)，551 名被调查者中,愿意为保护生态旅游资源而进行支付的人数为:虚拟支付调查时有 167 人,占 30.3%;真实支付中有 139 人,占 25.2%;有 28 人没有给出真实的支付意愿,假想偏差为 5.1%。

表 4-1 还显示,除真实支付中 100 元报价外,两种情景中的总体趋势为:报价越高,被调查者接受的频度就越低,基本符合 CVM 的经济学原理。

表 4-1　各报价接受频度分布 N=551

报价 (元/年)	样本	虚拟支付			真实支付		
		支付意愿 WTP		接受 百分比 (%)	支付意愿 WTP		接受 百分比 (%)
		接受	不接受		接受	不接受	
10	61	44	17	72.1	39	22	63.9
20	66	34	32	51.5	29	37	43.9
50	59	24	35	40.7	22	37	37.3
80	58	15	43	25.9	12	46	20.7
100	62	22	40	35.5	19	43	30.6
120	68	12	56	17.6	7	61	10.3
150	54	7	47	13	5	49	9.3
180	60	5	55	8.3	3	57	5.0
200	63	4	59	6.3	3	60	4.8

4.2.3　真实支付中接受 80 元以上报价被调查者的特征

按真实支付统计,能够接受 80 元以上(含 80 元)报价的被调查者共有 49 人,其特征如下:男性 31 人,女性 18 人;年龄 18~30 岁的有 8 人,31~50 岁的有 22 人,大于 50 岁的有 19 人;学历大专(含大专)以上的有 29 人,大专以下的 20 人;月收入在 1 000 元以下的有 0 人,1 001~2 000 元的有 6 人,2 001~3 000 元的有 10 人,3 001~4 000 元的有 20 人,4 001~5 000 元的有 10 人,5 000 以上的有 3 人;农民 1 人,工人 11 人,教师 8 人,公务员 13 人,牧民 2 人,个体 7 人,其他人员 7 人。

这一特征表明,在愿意为保护生态旅游资源而支付较高金额的人中,男性比女性多,中年人比年轻人或老年人多,高学历的比低学历的多,中等收入的比低收入或高收入的多,有固定职业的比没有固定职业的人多。由此可见,人们的支付意愿与社会经济背景是有很大关系的。社会责任较重、教育水平较高、收入较高的人群,保护环境的支付意愿也较为强烈。

4.2.4 Logit 模型

Logit 模型中包含的变量有被调查者的社会经济特征(年龄、性别、教育程度、月收入)、对达赉湖自然保护区的熟悉度、资源开发利用对保护区的影响程度认识、被调查者的环境意识和报价值。除报价值外,模型中其他变量使用名义变量,如表 4 - 2 所示。

表 4 - 2 各变量的编码解释及统计描述 $N=551$

变　　量	变　量　编　码
年龄	被调查者年龄:1=18~30,2=31~50,3=大于 50
性别	1=男性;0=女性
教育程度	1=大专或以上;0=高中或以下
月收入	单位:元 1=1 000 元或以下;2=1 001~2 000;3=2 001~3 000;4=3 001~4 000 5=4 001~5 000;6=5 000 以上
对达赉湖自然保护区的熟悉度	问题:"您是否去过达赉湖自然保护区"1=去过;0=没去过
资源开发利用对保护区的影响程度	问题:"您是否认为对达赉湖自然保护区资源的开发利用会对保护区产生影响"1=有影响;0=没影响

环境意识变量需做详细说明。本研究调查问卷引用了由 Dunlap and Van Liere 在 1978 年提出的新环境范例(NEP)中 12 个问题中的 6 个问题,因为这六个环境问题相对更易于被调查者理解。采用李克特五级量表对被调查者的回答进行测量,六个环境问题及被调查者的回答分布如表 4 - 3 所示。

表 4 - 3 被调查者对六个环境问题的回答

问　　题	非常不同意	不同意	中立	同意	非常同意
(1) 如果人类试图干涉改变自然规律必定产生灾难性后果	8	35	82	261	165
(2) 人类为了生存,必须与自然和谐相处	12	19	55	252	213
(3) 自然的平衡是非常脆弱的,很容易被打乱	24	52	49	265	161

问　　题	非常不同意	不同意	中立	同意	非常同意
(4) 人类凌驾于所有自然存在物之上	106	201	112	78	54
(5) 动植物存在的首要价值是被人类利用	121	206	76	81	67
(6) 人类有权改变自然环境以适应人类的需要	105	192	102	84	68

　　通过被调查者对这六个问题的回答来确定被调查者的环境意识。如果被调查者对于问题(1)、问题(2)和问题(3),回答同意或者非常同意,对于问题(4)、问题(5)和问题(6),被调查者回答非常不同意或不同意,则认为被调查者环境意识较强,名义变量等于 1。如与上述回答不符,则认为环境意识较弱,名义变量等于 0。如表 4-3 所示,对于前三个问题,大部分被调查者回答同意或者非常同意,而被调查者对于后三个问题的回答分布相对比较均衡,但更倾向于回答不同意和非常不同意。

　　虚拟和真实情景下,Logit 模型的回归结果如表 4-4 所示。除环境意识变量外,两个模型的结果非常相似。在虚拟情景下,环境意识对 WTP 具有正向极其显著影响,在真实情景下,环境意识对 WTP 具有正向显著影响,表明环境意识越强的被调查者支付意愿越强。在两个模型中,报价值对 WTP 具有反向极其显著影响,表明报价值越高被调查者越不愿意支付;月收入对 WTP 具有极其显著影响,表明收入越高的被调查者支付意愿越强;资源开发对保护区的影响度对 WTP 具有正向极其显著影响,表明认为资源开发对保护区会产生影响的被调查者更愿意支付;对保护区的熟悉度对 WTP 具有正向显著影响,表明去过保护区的被调查者支付意愿更强。两个模型中的其他变量年龄、性别、教育程度对 WTP 都具有正向但不显著影响,表明年龄越大、教育程度越高的被调查者支付意愿越强,男性比女性的支付意愿强。

表 4-4　虚拟和真实情景下 Logit 模型结果

变　　量	虚拟情景		真实情景	
	参数	P 值	参数	P 值
报价值	−0.018 1	0.000**	−0.018 3	0.000**
年龄	0.019	0.900	0.148	0.350

变　量	虚拟情景		真实情景	
	参数	P 值	参数	P 值
性别	0.086	0.699	0.075	0.745
教育程度	0.417	0.071	0.358	0.137
月收入	0.318	0.005**	0.378	0.002**
熟悉度	0.554	0.024*	0.646	0.015*
影响	0.764	0.003**	0.773	0.006**
环境意识	0.878	0.000***	0.580	0.014*
常数	-1.880	0.002**	-2.564	0.000***
样本数	551		551	
对数似然比	-258.94		-239.51	
卡方检验	158.14		143.40	
Sig.	0.000***		0.000***	
Pseudo$-R^2$	0.233 9		0.230 4	

注：$***P<0.001$，$**P<0.01$，$*P<0.05$。

4.2.5　非使用价值

根据以上结果，本研究计算出：在虚拟支付下，被调查者平均 WTP 为 59 元/年；在真实支付下，被调查者平均 WTP 为 47 元/年，反映出 CVM 的假想偏差。

本研究期望得到被调查者个人对达赉湖自然保护区生态旅游资源的支付意愿，但很多被调查者不能明确区分个人支付意愿和家庭支付意愿，因此分别根据呼伦贝尔市的家庭总数和人口总数计算达赉湖自然保护区生态旅游资源的非使用价值。

人口和家庭统计来自《呼伦贝尔市统计年鉴》(2011 年)，家庭总数为 98.6×10⁴ 个，呼伦贝尔市人口总数为 271.6×10⁴ 人。将 WTP 评估结果分别与家庭总数(98.6×10⁴ 个)和人口总数(271.6×10⁴ 人)相乘，则可以大致估计出达赉湖自然保护区生态旅游资源的非使用价值如下。

虚拟支付情景下：按家庭总数为 5 817×10⁴ 元/年，按人口总数为 16 024×10⁴ 元/年；

真实支付情景下：按家庭总数为 0.46×10^8 元/年，按人口总数为 1.28×10^8 元/年。

研究表明，在真实情景下被调查者的支付意愿要小于虚拟情景下的支付意愿，在虚拟情景下被调查者支付意愿为 59 元/年，而在真实情景下支付意愿为 47 元/年。对比以往研究，本研究在虚拟情景下所得人均 WTP 与以往研究结果较为相近，表明被调查者在虚拟情景下对达赉湖自然保护区生态旅游资源非使用价值的支付值是较为合理的。而在真实情景下所得 WTP 与以往研究结果有较大差距，进一步说明虚拟情景下评估结果会夸大被调查者的支付意愿，真实情景的实验调查设计可以减少假想偏差。

达赉湖自然保护区 2010 年生态旅游资源的非使用价值为 0.46×10^8 元/年到 1.28×10^8 元/年。该值仅是根据呼伦贝尔市人口来估计的 WTP 值，其总价值是有限的。但如果用全国总人口进行估计，其内在价值将成倍增加。本研究不足之处是无法确定表述个人支付意愿和家庭支付意愿的被调查者的比例。

对于达赉湖自然保护区生态旅游资源的保护不仅从生态学角度是非常必要的，而且它对人类也具有巨大的经济价值。对其资源的无序开发既会降低达赉湖自然保护区生态系统的质量也会减少其经济价值。因此对其非使用价值的评估使得达赉湖自然保护区资源的保护与开发价值对比成为可能，可以提高公众的环保意识，促进政府对环境问题的重视，进而为确立达赉湖自然保护区可持续发展目标、制定环境保护政策及相关决策提供重要的理论基础和科学依据。

4.3　小　结

本章使用 CVM 对达赉湖自然保护区生态旅游资源的非使用价值进行了评估。共发放问卷 700 份，回收有效问卷 551 份，调查对象为呼伦贝尔市的居民，调查时间为 2010 年 5 月至 10 月。通过引入被调查者社会经济特征及被调查者环境意识等 8 个因素构建 Logit 模型评价保护区生态旅游资源的非使用价值，针对 CVM 所构建市场的虚拟性而存在的偏差，本章首次尝试性地在问卷设计中加入了真实市场情景。研究表明存在以下几种情况。

（1）报价值、被调查者收入、资源开发对保护区影响程度对被调查者支付意愿具有极其显著影响（$P < 0.01$）。被调查者的环境意识以及被调查者对保护区的熟悉度对被调查者的支付意愿具有显著影响（$P < 0.05$）。

（2）28 个被调查者没给出真实的支付意愿，假想偏差为 5.1%。

（3）在真实情景下被调查者的支付意愿要小于虚拟情景下的支付意愿，在虚拟情景下被调查者支付意愿为 59 元/年,而在真实情景下支付意愿为 47 元/年。真实情景下所得 WTP 与以往研究结果有较大差距,说明虚拟情景下评估结果会夸大被调查者的支付意愿,真实情景的实验调查设计可以减少假想偏差。

(4) 达赉湖自然保护区 2010 年生态旅游资源的非使用价值 0.46×108 元/年到 1.28×108 元/年。

第5章　偏差克服与评估检验

5.1　CVM 在生态旅游资源价值
评估中存在的偏差

CVM 是典型的陈述偏好法,数据获取能力较强,且不需要理论假设,容易应用。只要被调查者了解自己的个人偏好,并且能够表达自己真实的支付意愿,CVM 就能得到较有效的评估结果。但由于 CVM 是通过构建一个假想的市场来引出被调查者对某一物品的支付意愿,因此,CVM 研究方法存在一些偏差。下面重点讨论 CVM 价值评估中存在的偏差。

5.1.1　嵌套偏差

影响 CVM 有效性和可靠性的一个重要原因就是在 CVM 研究中经常发生嵌套偏差。嵌套是指一种现象,在这种现象下对于同一种物品的 WTP 可能会有很大范围的变化,这种变化取决于是根据物品自身还是作为一个更加包罗万象的组合的一部分来对物品进行评估,因此嵌套偏差也被称为是部分—整体偏差,不一致偏差或范围影响。Harrison(1992)认为当对于一个物品的 WTP 和对于一个范围更广的物品的 WTP 之间没有显著的区别时,嵌套偏差就发生了。嵌套偏差的存在会导致对于同一个公共物品不同的调查得到的 WTP 区别很大。

早期的 CVM 研究对嵌套偏差进行了大量的讨论。比如,Kahneman(1986)关于湖泊中鱼的保存价值的研究结果显示为了清理所有湖泊的 WTP 仅仅比清理一个湖泊的 WTP 高一点。后来在一项著名的研究中,Kahneman 和 Knestch(1992)使用三种物品,分别为"改进灾难营救设备"(物品 A),它被嵌套进"增强对灾难的应急准备机制"(物品 B),然后被嵌套到"环境服务"(物品 C)。调查三组不同的被调查者对这三类物品的 WTP:对于物品 C 的 WTP 是 135.91 美元,对于物品 B 的 WTP 是 151.60 美元,对于物品 A 的 WTP 是 122.64 美元,三类物品的 WTP 平均值在统计上没有显著的区别,表明评估结果中发生了嵌套偏差。嵌套偏差会影响 CVM 评估结果的有效性,因此,每个 CVM 调查都应该有自己的"内部一致性检验"机制去评估结果的有效性。

5.1.2 顺序偏差

另外一个影响 CVM 评估结果的是"顺序偏差",也可称为"问题顺序偏差"。如果被调查者对于物品的 WTP 的大小受到被调查物品的顺序的影响,顺序偏差就出现了。正如嵌套偏差,顺序偏差在很多 CVM 研究中都存在。

一些 CVM 研究报道了其评估结果出现了顺序偏差。比如:前面讨论了有关嵌套偏差的 Kahneman 和 Knestch(1992)研究,如果对"改进灾难营救设备"进行单独评估,WTP 中位值会比与其他"环境服务"一同评估大 25 倍。Boyle(1993)以撑船者为调查对象,对大峡谷的水流量的 WTP 进行了调查。所有被调查者被分为两组,设计两个情景,每个情景的七种水流量的顺序是截然相反的。这项研究得出的结论是顺序偏差对有经验的撑船者未产生影响,而对没经验的撑船者却产生了影响。换句话说,被调查者对于被调查物品的熟悉度在减少顺序偏差方面起到了一定的作用。

Carson(2001)认为顺序偏差可能受到替代效应和收入效应的影响。被调查者可能用第一个物品代替其他的物品,在为第一个物品支付一定的金钱后只会为其他物品支付少量的金钱。较大的顺序偏差会影响 CVM 评估结果,因此需要采取措施减少顺序偏差。Mthchell 和 Carson(1989)认为顺序偏差是因为调查实施不合理而产生的。他们建议可以采取两种办法来减少顺序偏差:① 在提出 WTP 问题之前告知被调查者下面将要问什么;② 问完所有问题后给被调查调整其报价的机会。

5.1.3 信息偏差

在 CVM 调查中信息起到很关键的作用。CVM 评估结果的有效性主要取决于提供给被调查者的信息的多少和性质。所提供的信息的性质会从正面和负面的两个方面影响被调查者的 WTP。CVM 研究的信息包括两个大部分:价值提升信息和中立信息。在 CVM 研究中价值提升信息包括三类:① 被评估物品的信息;② 预算限制和其他人的 CVM 评估值;③ 可能会影响所评估物品的相关环境物品的信息,比如可能会影响被调查者 WTP 的相关环境物品的信息,这些信息可能是替代品信息或者互补品信息。如果没有向被调查者提供被评估物品替代品的信息,被调查者所陈述的 WTP 可能会是一个夸大的 WTP,如果没有向被调查者提供互补物品的信息则会导致 WTP 被低估。

向被调查者说明预算限制和替代物品会影响其 WTP 值吗? Whitehead 和 Blomquist(1990)研究了相关环境物品的信息(替代物品和互补物品)对 WTP 的影响。研究地为希腊湿地系统(CGWS)—西方肯尼亚煤炭地的最大湿地,研究的目的是评估因煤开采项目而正面临威胁的 CGWS 的经济价值(使用价值和非使用价值)。选择两个相关的物品,一个是作为其互补物品的湖泊,另一个是作为其替代物品的湿地。向三组不同的被调查者提供三类不同的信息。这项研究发现被评估对象的替代品信息的增加会使被调查者的 WTP 降低,而其互补物品信息的增加会使其 WTP 提高。在 Adamowicz(1993)的研究中也发现增加替代品的信息会导致 WTA 和 WTP 之间的差异减少。Neill(1995)和 Aizen(1996)也表明向被调查者提供支出预算限制和替代品方面的信息会影响其 WTP。

但一些 CVM 研究却得到了与之矛盾的结果。比如,Loomis(1994)研究了预算限制和替代品信息对 WTP 的作用。假设在 300 万公顷的森林中使用防火项目。为了检测信息偏差,使用了两种信息处理方法。第一种处理方法中,二分之一的被调查者在回答 WTP 问题之前得到了关于替代品的信息和支出预算限制的提示。在第二种处理方法中,另一部分被调查者在回答 WTP 问题之后得到了替代品信息和预算限制的提示。结果表明,两种信息处理方法所得的 WTP 没有不同,表明所提供的信息对 WTP 没有影响。作者提出了几种解释:① 被调查者在回答 WTP 问题时可能已经考虑了预算限制和替代品的存在;② 由于 CVM 构建的是虚拟市场,被调查者可能并不认为会真正的进行支付;③ 被调查者没有从金钱角度考虑防火项目的价值。

个体之间存在不对称的信息会影响所评估的 WTP,信息对被调查者 WTP 的影响主要取决于个体处理信息的水平。Venkatachalam(2000)发现向被调查者提供饮水质量的额外信息,使这些被调查者拥有饮水质量方面的不同信息会对被调查者 WTP 有显著的影响。

在 CVM 调查中向被调查者提供信息的种类和数量确实会影响被调查者的 WTP,那么一个关键性的问题就是在 CVM 调查中向被调查者提供多少信息,提供什么种类的信息是合适的呢? 至今仍未形成一个统一的得到大家普遍认可的答案,但一个需要注意的问题就是所提供信息的种类和数量主要取决于调查者的调查意图,被评估物品的特性,获得信息的成本等。

5.1.4　虚拟偏差

在 CVM 调查中所构造的市场是虚拟的,因此,会产生虚拟偏差(假想偏差)。这个偏差就是真实支付和虚拟支付潜在的差距。很多 CVM 研究已经报道了虚拟 WTP 一般大于真实的 WTP。比如,Duffield 和 Paterson(1991)评估了人们为了保护河流中两种鲜见的鱼类的 WTP,选择了两组不同的被调查者。要求第一组被调查者陈述他们对于蒙大纳自然保护区(保护区内有这两种鱼类生存的河流)的 WTP,询问另一组被调查者为了保护这两种鱼类向某个环境组织进行真实捐赠,研究结果表明虚拟 WTP 高于真实 WTP。在另一项 Seip 和 Strand(1992)的研究中,通过向挪威环境组织缴纳会员费来引出个体的虚拟 WTP,同样的样本被要求真正的向挪威环境组织缴纳会费,从而引出其真实的 WTP。研究结果表明虚拟的 WTP 高于真实的 WTP。Neill(1994)为了研究虚拟支付和真实支付之间的关系,调查了被调查者对于两类私人物品的 WTP,结果表明虚拟 WTP 要远大于真实 WTP。Foster(1997)比较了人们为保护环境而进行的真实捐赠和对于六个类似的环境物品的 CVM 研究所得的虚拟 WTP,这项研究最重要的发现是虚拟支付和真实支付情景下 WTP 之间确实存在差异,虚拟支付要远大于真实支付。早期的 Brookshire 和 Coursey(1987)评估了人们对于扩大或者缩小某个地区森林覆盖面积的 WTP 和 WTA,结果表明虚拟市场情景下所得的 WTP 要大于对于同类物品模拟实验所得的真实 WTP。而且,重复的测试表明在虚拟市场情景下 WTP 和 WTA 的差异会变大(75 倍到 5 倍)。这就意味着重复的测试会使被调查者更加熟悉 CVM 所构建的市场,很大程度上减少了虚拟偏差。Brown(1996)在虚拟和真实市场中分别使用了 DC 和 OE 问题启发技术,调查为大峡谷地区移动废弃的路的志愿者提供食物的 WTP,结果显示在真实的支付情景下,DC 问题启发技术所得的平均 WTP 是 7.22 美元,OE 问题启发技术所得的 WTP 是 4.62 美元,相差 1.6 倍。在虚拟情景下,DC 问题启发技术所得的平均 WTP 是 47 美元,OE 问题启发技术所得的 WTP 是 19 美元,DC 评估结果是 OE 评估结果的 2.5 倍。

但是,一些研究也发现虚拟情景下所得 WTP 低于真实的 WTP。比如说,Bishop 和 Heberlein(1979)对猎鹅许可证的虚拟和模拟实验表明:在模拟实验中,真实 WTA(如:被调查者出售他们许可证的价格)是 63 美元,然而在虚拟市场,WTP 是 21 美元,WTA 是 101 美元。Bishop 和 Heberlein(1979)认为在虚拟市场情景下 WTP 低估了真实的 WTP,WTA 高估了真实的 WTP。

除了很少的一部分研究,大部分研究结果显示虚拟 WTP 大于真实 WTP。应该注意的是,在这些研究中很多实验是以私人物品为主要评估对象的。而且模拟实验本身就存在一些问题。第一个问题是参加实验的学生不能够代表整个人群,使得这些实验评估结果具有误导性。第二个问题是在很多实验中主要是以私人物品作为评估对象,因此,结果对于公共物品可能不具适用性。而且在模拟实验中,大多数情况下,在实验之前会给被调查者一定的金钱补偿,可能会导致被调查者不去做任何支出预算。但是在真实的市场中,个体会受到收入的限制。很多 CVM 研究表明“熟悉的问题”在减少 CVM 虚拟偏差方面起到了主导性的作用。更确切地说,被调查者越熟悉某个物品,CVM 的虚拟偏差会越小。这就表明如果是对个体熟悉的或在市场上交换的公共物品进行评估,可能不会出现虚拟偏差。

5.1.5 策略偏差

策略偏差是 CVM 研究的另一个问题。有两种策略行为,“免费搭乘”和“过度承诺”。如果某个个体因认为其他人可能为此物品支付很多金钱,因此他就不需要进行任何支付,从而低估了他对某公共物品真实的 WTP,这样就会发生“免费搭乘”。另一方面,假如个体认为他们所陈述的 WTP 不会成为将来制定价格的基础,而他们所陈述的 WTP 会影响这类物品的供给,就会发生“过度承诺”。

Samuelson(1954)首先提出了策略偏差,由于个体总会试图“免费搭乘”,因此他对 CVM 的评估结果提出了质疑。随之而后,很多研究报道了在他们的评估结果中确实存在策略偏差。比如,Whittington(1992)设计了实验去测试是否给予被调查者考虑其决定的时间对于其 WTP 是否有影响。从尼日利亚的三个村庄里选出了两组被调查家庭。给予其中一组家庭一天的时间去考虑他们的WTP,但不给另一组家庭考虑时间。结果表明有时间考虑 WTP 的家庭要比没时间考虑的家庭所陈述的 WTP 低。表明有时间考虑 WTP 的家庭可能实施了策略行为(通过降低他们真实的 WTP)。

几乎没有 CVM 研究专门去解决策略偏差的问题。大多数研究认为在CVM 研究中策略偏差并不是一个很严重的问题。Mitchell 和 Carson(1989)认为对于大多数的 CVM 研究,以下因素可以减少策略偏差:① 策略行为所需要的信息是足够的;② CVM 的调查样本量足够大,使被调查者认为个体的 WTP不会影响 WTP 的总体结果;③ CVM 的支付方式能够使被调查者进行支出预算,从而使被调查者不会高估其真正的 WTP;④ 如果个体认为所评估的物品可能不会被真正的供给,真正的 WTP 可能不会被低估。除了这些方面,使用一致性的问题启发技术(如:DC 问题启发技术)会减少策略偏差的影响。Mitchell and Carson(1989)回顾了不同因素对策略偏差的影响,他们建议 CVM 调查问卷设计应该尽量避免给被调查者提供任何会导致其策略行为发生的暗示。

5.1.6　效益转移

实施 CVM 调查是比较昂贵的。因此,如果对于某一物品的 CVM 评估结果可以普及到其他物品,将会带来很大的效益。一些学者一直在研究是否对于某个研究地偏好的研究可以用于其他研究地从而预测被调查者的行为,也就是效益转移(Benefit Transfer, BT)问题。为了研究是否统计上相似的 CVM 效益函数转移会产生统计上类似的效益结果,Downing 和 Ozuna 在德克萨斯州沿岸地区研究了被调查者对于两个不同时期不同区域钓鱼的 WTP。结果表明通过效益函数转移把效益从一个研究地转移到另一个研究地是具有误导性的。Kirchhoff(1997)的研究测试了对于非环境资源偏好的数值转移和效益函数转移,结果发现效益函数转移比数值转移更加的可靠。

Griffin(1995)分别调查了水源充足地区、水缺乏地区、有盐水侵蚀的地区的家庭对饮用水的 WTP。在每个地区选择了两类家庭(A 和 B)。A 类家庭能够使用自来水,B 类家庭是没有自来水但是希望能连接自来水。作者试图用 A 类家庭的结果预测 B 类家庭的行为。结果发现通过效益转移法,把 A 类家庭的支付结果用于对 B 类家庭的预测是完全不正确的。因此,效益转移法是不准确的。

早期的一些研究也得出了效益转移法是不可靠的。效益转移法在一些情况下有效而在另外一些情况下则不然。这可能因为一个地区的被调查者完全替代不了另一个地区的被调查者,两个地区被调查者社会经济特征是不同的。因此效益转移法仍然不够成熟,这方面的研究仍需加强。

5.2　研究实施过程中可能存在的偏差

CVM 本身存在一些偏差,但如果实施中不科学不谨慎也会影响评估结果。偏差经常出现在以下一些领域:

5.2.1　总体和样本的界定

CVM 评估的目的不同被调查的样本对象也不同。如果评估的是使用价值,总体应该是使用价值的享用者。如果评估的是非使用价值,应该从不同尺度地理单元的居民中进行抽样调查。在对达赉湖的生态旅游资源的非使用价值进行评估时,被调查的样本是呼伦贝尔市的居民。而在对达赉湖生态旅游资源的使用价值进行评估时,被调查的样本是达赉湖自然保护区的游客。由于 CVM 既可以评估旅游资源的使用价值又可以评估其非使用价值,因此有些研究对调查总体认识不清,混淆了使用价值和非使用价值。如:以游客作为总体对敦煌的旅游资源的非使用价值进行评估,这样得出的结果不应该是敦煌的非使用价值。

5.2.2　样本规模的确定

样本规模可以采用 Scheaffer 公式来确定:

$$n = \frac{N}{(N-1)\delta^2 + 1} \qquad\qquad (5-1)$$

式中,n 为抽样样本数;N 为抽样总体;δ 为可接受的抽样误差,设定抽样误差为 5%。

在本研究中呼伦贝尔市的居民数和达赉湖自然保护区的游客数分别为 2 716 000 人和 204 669 人,则 n 分别为 399.94 和 399.22。而 Mitchell 和 Carson 认为 600 份问卷可以保证使样本误差控制在 15% 以内。本研究发放的问卷数都超过了 600 份。

5.2.3　抽样方式的选择

本研究采用了多段抽样的方法,分别于 2010 年 6、7、8、9 月和 2011 年 6、7、8、9 月进行抽样。7 月和 8 月是达赉湖旅游的高峰期,因此 7 月和 8 月分别抽样 300 人,6 月和 9 月分别抽样 200 人。抽样地点是在达赉湖自然保护区游客的主要集中地。

5.2.4　调查方式和回收率

调查方式有邮寄问卷、电话采访和面访式三种方式。邮寄问卷和电话采访的抗议率较高,回收率较低,因此大多采用面访式调查。

回收率是指实际发放的问卷和回收的有效问卷之间的比例。回收的有效率越高,样本的代表性也应该越高。回收率达到多少问卷才有效呢。NOAA 认为 70% 的回收率是比较合理的,75% 的回收率更为有效。本研究的调查问卷的回收率都超过了 75％的回收率，是比较有效的。

5.3　CVM 的有效性和可靠性检验

国外 CVM 的可靠性和有效性研究已经取得了很多研究成果。而我国的 CVM 有效性和可靠性研究仍然停留在简单的个案研究阶段，对 CVM 在实施过程中可能出现的偏差重视不够，出现了很多"伪 CVM"。自 2000 年以来国内也有一些学者对 CVM 可能存在的偏差进行了阐述，同时提出了对 CVM 的有效性和可靠性进行检验的思路。董雪旺等在 2009 年以九寨沟自然保护区为例对 CVM 的有效性和可靠性进行了检验，许丽忠等评估了武夷山旅游资源的非使用价值并进行了有效性和可靠性的探讨。然而，国内在 CVM 的有效性和可靠性检验方面的研究还比较薄弱，仍需加强。

5.3.1　有效性检验

不同作者对 CVM 的总结表明对 CVM 评估结果的质疑大多集中在有效性（validity）和可靠性（reliablity）两个方面。简单地说，有效性是指"精确度"，可靠性是指"一致性"和"可重复性"。换句话说，有效性是指 CVM 评估结果在多大程度上符合其理论构建。有效性包括内容有效性（content validity）、标准有效性（criterion validity）和建构有效性（criterion validity）。在 CVM 调查中内容有效性是指评估物品时所使用手段的可靠性。标准有效性是使用另一种方法对同一物品进行评估，所得评估结果可以被认为是"市场价格"，作为 CVM 评估结果的一种参照标准。建构有效性包括理论有效性（theoretical validity）和聚合有效性（convergent validity）两类。如果评估结果和经济理论的潜在原理相符，则 CVM 的评估结果就被认为是"理论上有效的"。聚合有效性是指拥有同样理论构建的两种评估方法的评估结果的一致性。CVM 的聚合有效性是通过把 CVM 评估结果与其他揭示偏好法进行比较来获得其有效性的。Brookshire（1982）比较了空气质量改善的 CVM 的结果和享乐定价法的结果。他们假设从享乐定价所得的 WTP 要大于 CVM 评估结果。研究结果表明：正如预想的一样，CVM 结果比享乐定价法的评估结果要低一点。John（1992）在杰弗逊县调查了人们对于控制蚊子项目的 WTP，比较了 CVM 结果和费用支出法的结果，通过费用支付法所获得的 WTP 要高于 CVM 的评估结果。Carson（1996）把 616 项 CVM 的研究结果和揭示偏好法进行了比较，单目的地 TCM（295 项比较）、多目的地 TCM（183 项比较）、享乐定价法（62 项比较），转移成本法（28 项比较)、真实市场定价和模拟市场定价(48 项比较)。被评估物品包括：户外休闲、健康风险的改变、环境的改变(比如环境污染、噪声污染、水污染，或者是公园)。Carson 的研究只涵盖了使用 WTP 方法的研究而不包括使用 WTA 的研究。另一个特征就是它涵盖了从 1966 年到 1994 年所有的出版和未出版的文章，如杂志文献、学术论文、会议文章和政府报告等。Carson 的结果表明 CVM 评估结果低于单目的地 TCM 评估结果的 20%，低于多目的地 TCM 评估结果的 30%，低于享乐定价法评估结果的 40%，低于转移成本法的 20%，但未能确定与真实和模拟市场的比较结果。

回顾了 CVM 与其他方法的比较，Smith(1993)认为"对于一些环境资源，CVM 可以提供理论一致性和可行的评估结果"。但是，CVM 与其他一些揭示偏好法的比较的一个问题是揭示偏好法的评估结果在很多情况下并不能真实的表达环境资源的真正价值。因此，把 CVM 结果和其他不一定正确的结果进行比较则不能测试出 CVM 结果的有效性。而且，CVM 阐述的问题，测量的效益和市场的性质等都不同于其他揭示偏好法。因此，把 CVM 和其他揭示偏好法进行比较实际是在测量 CVM 的聚合有效性而不是标准有效性。如果 CVM 研究得出的结果与 TCM 的研究结果类似，那么这一评估结果至少会聚合到一个答案上。这个答案是否正确就无法确定了，但我们可以将任意两种方法趋同于一种既定物品的价值作为一个合理的征象。

有些研究比较了 CVM 与 TCM 的研究结果，结果显示 CVM 的评估结果要小于 TCM 的评估结果，但二者具有一定的相关性，聚合有效性的检验结果较好。然而，印度的一项研究结果表明 CVM 和 TCM 的聚合有效性很差，二者的比值是 0.022，在我国部分学者的研究也得出了相似的结果。如表 5-1 所示。

表 5-1　CVM 和 TCM 评估结果比较

案　例	调查对象及时间	CVM 评估值	TCM 评估值	CVM/TCM
郭剑英等	敦煌 2002 年	0.12×10^8 元/年	$7.896\ 1 \times 10^8$ 元/年	0.015 2
许丽忠等	武夷山景区 2003 年	32.42×10^8 元/年	22.03×10^8 元/年	1.471 6
张茵等	九寨沟 2003 年	4.05×10^8 元/年— 4.40×10^8 元/年	15.61×10^8 元/年	0.259 4— 0.281 9
熊明均、郭剑英等	乐山大佛 2007 年	0.48×10^8 元/年	13.18×10^8 元/年	0.034 9

续　表

案　例	调查对象及时间	CVM 评估值	TCM 评估值	CVM/TCM
曹雪旺等	九寨沟 2009 年	$3.46×10^8$ 元/年	$48.90×10^8$ 元/年	0.070 8
本研究	达赉湖 2010 年	$0.17×10^8$ 元/年	$2.88×10^8$ 元/年	0.059

　　本研究把 CVM 与 TCM 使用价值的评估结果进行了比较,所得结果如表 5-2 所示,与 Chaudhry 和我国学者的研究结果类似,CVM 和 TCM 的比值为 0.059,因此说 CVM 和 TCM 之间不具有较好的聚合有效性。

表 5-2　达赉湖自然保护区生态旅游资源使用价值评估结果比较(TCM 和 CVM)

研究方法	年份	总使用价值	游客量(人)	人均使用价值
TCM	2010	$2.97×10^8$ 元/年	204 669	1 449.44 元/年
CVM	2010	$0.17×10^8$ 元/年	204 669	81.87 元/年

5.3.2　可靠性检验

　　Loomis(1990)认为可靠性要求对同一物品进行重复的评估:① 如果物品的真正价值并没有改变,一个可靠的研究方法应该带来同样的测量结果(鉴于方法的可靠性);② 如果物品的真正价值改变了,一个可靠的测量方法的评估结果也应该发生相应的改变。CVM 结果的可靠性检验是通过测试—再测试的方法比较 WTP 值,即在一个特定的样本中针对某一物品进行 CVM 实验,然后在其他时间在同样的样本中重复进行实验或者在同一个群体的不同样本中针对同一物品进行实验。Kealy(1990)通过测试—再测试法评估了由 DC 和 OE 问题启发方法获得的 WTP 的可靠性。第一次测试和第二次测试间隔 2 个星期,两个时期两种问题启发技术所获得 WTP 在统计上没有显著的区别,表明所获得结果具有可靠性。但是,两项调查的时间间隔太短可能会导致回忆效应,那么两次评估如此短的时间间隔是否可以解释 WTP 的聚合有效性。Loomis(1990)通过 OE 和 DC 问题启发技术,使用测试—再测试的方法对莫诺湖不同水质进行了 CVM 评估。两次评估的时间间隔是 9 个月。研究结果表明通过 OE 和 DC 所获得两次调查的评估结果统计上没有显著的区别。Teisl(1995)通过 OE 和 DC 问题启发技术,使用测试—再测试方法评估了被调查者对猎鹅许可证的 WTP。被调查者被分为两部分(有猎鹅经验和没有猎鹅经验的被调查者),两次调查的时间间隔是 5 个月。作者得出的结论是对于有猎鹅经验和没猎鹅经验的被调查者 CVM 评估结果都具有可靠性。总体来说,大多数 CVM 研究的可靠性检验都得到了可靠的 WTP 结果。

在测试—再测试方法中一个需要解决的重要问题是在第一次测试和第二次测试之间,多久的时间间隔是合理的。多久的时间间隔可以消除回忆效应,同时不会引起被调查者的社会经济变量发生很大的改变。武夷山非使用价值评估结果的可靠性测试间隔了 6 个月,结果发现第二次的支付率降低比较明显,可能是由于两次调查间隔太短从而导致被调查者的厌倦心理导致的。董雪旺于 2008 年对九寨沟自然保护区的游憩价值进行了评估并在 2009 年进行了可靠性检验,结果表明两次评估结果相差不大。因此本研究间隔一年对达赉湖自然保护区生态旅游资源的 CVM 评估结果进行了可靠性检验。

理论上讲可靠性检验应对同一组样本进行重复调查,但在实际运用中很难实现。如在评估达赉湖生态旅游资源的使用价值时,其调查对象是达赉湖自然保护区的游客,由于游客的流动性较高,重游率较低,调查者很难在不同的时间找到两个相同的样本。而在评估达赉湖生态旅游资源的非使用价值时,本研究在虚拟支付后加入了真实支付意愿的调查。如果再对同样的居民进行再次调查,很难再次引出居民的真实支付意愿。

也有学者认为 CVM 的可靠性检验也可以在不同的时间采取相同的调查问卷和调查方法对同一总体的不同样本进行调查,但这些样本应该具有代表性及相似性。因此,本研究在对达赉湖自然保护区生态旅游资源非使用价值和使用价值 CVM 评估结果进行可靠性检验时采用了间隔一年,对同一总体的不同样本进行了调查。

为了检验达赉湖自然保护区生态旅游资源非使用价值 CVM 评估结果的可靠性,于 2010 年 5 月至 10 月和 2011 年 5 月至 10 月分别针对呼伦贝尔市的 1 区 4 市 8 旗的居民进行了抽样调查。被调查者基本情况及调查结果对比见表 5 - 3 和表 5 - 4。表 5 - 3 表明两次调查所抽取的样本的社会经济特征具有相似性。

表 5 - 3　居民抽样调查基本情况对比(2010 和 2011)

基本情况	类　　别	结　　果	
		2010	2011
问卷调查情况	发放问卷(份)	700	700
	有效问卷(份)	551	586

续　表

基本情况	类　　别	结　　果	
		2010	2011
性　别	女	41.9%	43.2%
	男	58.1%	56.8%
学　历	大专以下	36.3%	40.8%
	大专及以上	63.7%	59.2%
收入(元)	低于1 000	0.18%	0.23%
	1 001~2 000	17.8%	18.4%
	2 001~3 000	39.1%	41.2%
	3 001~4 000	27.1%	26.4%
	4 001~5 000	12.9%	11.8%
	5 000以上	3.1%	2.2%
年龄(岁)	18~30	36.4%	31.7%
	31~50	45.7%	49.9%
	50以上	17.7%	18.4%
职　业	工人	15.3%	13.40%
	牧民	15.3%	16.2%
	农民	14.5%	11.3%
	教师	11.6%	9.6%
	公务员	13.1%	9.4%
	普通职员	9.4%	11.6%
	个体职业者	13.6%	15.8%
	其他人员	7.2%	12.7%

表5－4　达赉湖自然保护区生态旅游资源非使用价值评估结果比较(2010和2011)

研究方法	年　份	非使用价值	人均非使用价值
CVM	2010	0.46×10^8到1.28×10^8元/年	47元/年
CVM	2011	0.50×10^8到1.39×10^8元/年	51元/年

为了检验达赉湖自然保护区生态旅游资源使用价值 CVM 评估结果的可靠性,于 2010 年 6 月至 9 月和 2011 年 6 月至 9 月分别针对达赉湖自然保护区的游客进行了抽样调查,被调查者基本情况及调查结果对比见表 5-5 和表 5-6。表 5-5 表明两次所抽取的样本的社会经济特征相似,说明所抽取样本可以代表达赉湖自然保护区游客的基本情况。

表 5-5　游客抽样调查基本情况对比(2010 和 2011)

基本情况	类　别	结　果	
		2010	2011
问卷调查情况	发放问卷(份)	1 000	1 000
	有效问卷(份)	812	826
性　别	女	42.9%	46.3%
	男	57.1%	53.7%
文化程度	小学及以下	0	0
	初中	3.4%	2.1%
	高中	13.7%	16.4%
	大专	21.8%	25.4%
	本科	46.4%	39.9%
	硕士及以上	14.7%	16.2%
收入(元)	低于 1 000	1.3%	2.50%
	1 001~2 000	11.3%	6.60%
	2 001~3 000	22.4%	18.7%
	3 001~5 000	25.2%	30.7%
	5 001~10 000	21.9%	19.8%
	10 000 以上	17.9%	21.7%
年龄(岁)	18~30	36.8%	40.6%
	31~50	46.4%	47.1%
	50 以上	16.8%	12.3%
家庭状况	单身	24.4%	19.6%
	两口之家	15.2%	21.4%
	三口之家	42.2%	47.5%
	四口之家或更多	18.2%	11.5%

表 5-6　达赉湖自然保护区生态旅游资源使用价值评估结果比较(2010 和 2011)

研究方法	年份	总使用价值	游客量(人)	人均使用价值
CVM	2010	0.17×10^8 元/年	204 669	81.87 元/年
CVM	2011	0.19×10^8 元/年	204 669	93.47 元/年

表 5-4 和 5-6 分别是达赉湖自然保护区生态旅游资源非使用价值和使用价值的 CVM 评估结果。结果表明：CVM 评估结果具有较高的稳定性和可重复性,具有较好的可靠性。

5.4　小　结

本章对 CVM 的有效性和可靠性进行了检验。通过采用相同的调查问卷和相同的调查方式,分别在 2010 年和 2011 年针对达赉湖自然保护区的游客和呼伦贝尔市的居民进行了调查,并将两次的 CVM 评估结果以及 CVM 和 TCM 的评估结果进行了比较。结果表明,CVM 具有良好的稳定性,但不具有良好的聚合有效性。

第6章 条件价值法中不确定性的处理

6.1 被调查者不确定性是影响 CVM 有效性的因素之一

条件价值法(Contingent Valuation Method，CVM)是评估资源非使用价值的主要方法之一，但因 CVM 构建于虚拟市场基础上而受到很多学者的质疑。CVM 假设被调查者完全确定自己的回答，但实际上，大多数被调查者对自己的回答并不确定。因此如何处理被调查者的不确定性成为研究的焦点之一。大多数的研究者认为可以在支付意愿问题后紧跟一个问题，即"您对您的回答确定性是多少?"引出被调查者的确定性。那么，被调查者确定性引出后应该如何对其进行处理? 目前有重新编码权重调整两种方法来处理被调查者的确定性。但因 CVM 建立于虚拟市场基础上，因此很难将处理结果与真实市场支付结果进行比较，哪种确定性处理方法更具优势还存在诸多分歧。国外对被调查者确定性处理方法的研究较多，国内研究较少，仅见于张明军在 2007 年关于不确定性影响下的平均支付意愿参数估计的研究和许丽忠等对条件价值法后续确定性问题的探究。

本研究以达赉湖自然保护区为例，使用重新编码和权重调整两种方法处理被调查者支付意愿的确定性。本研究的主要贡献在于将处理结果与真实情境下的支付意愿进行比较，试图找到哪种处理方法更接近真实支付意愿，以期能够进一步完善资源环境价值评估方法，提高资源价值评估的准确性，为资源环境价值逐步纳入国家或地区决策过程或国土规划中提供理论依据(见图 6-1)。

6.2 问卷设计

根据蓝带小组所提出的原则，本研究采取了面对面的调查方式。在 2014 年 5 至 10 月间共发放问卷 1 350 份，回收有效问卷 1 142 份，有效回收率 84.6%。

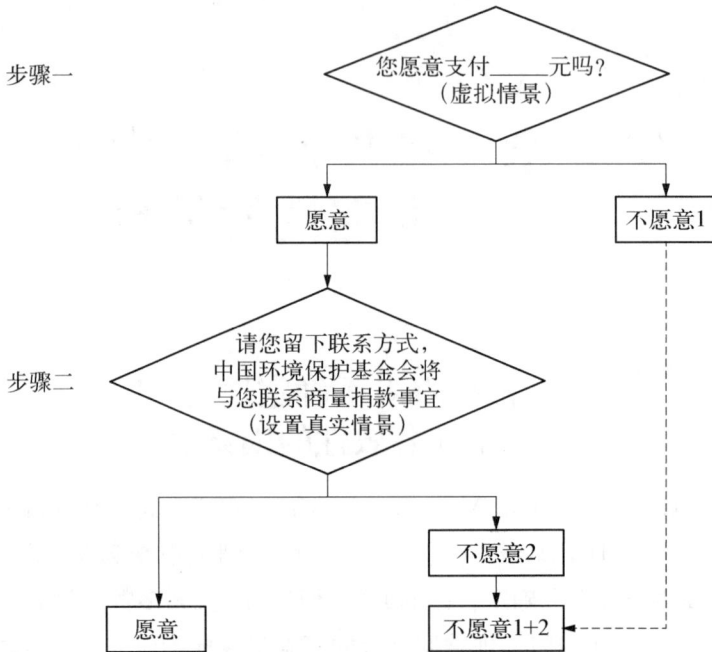

图 6-1　实验设计流程图

本研究对象来自呼伦贝尔市两区五市七旗的居民。

调查问卷分为 4 部分。

第 1 部分：本研究目的,保护区生态旅游资源及生态环境现状,强调保护区对于呼伦贝尔草原生态环境保护的重要性。

第 2 部分：使用新环境范例(NEP)调查被调查者的环境态度,以及他们对于保护区的熟悉程度。

第 3 部分：虚拟情境下被调查者支付意愿引导部分。在虚拟市场情境下,对被调查者保护达赉湖自然保护区生态旅游资源的支付意愿进行调查。本研究为被调查者提供了 9 个报价值 10,20,50,80,100,120,150,180,200 元,以上 9 个报价值在调查中进行随机抽取,要求每个报价值的样本量基本相同。

问题如下：长期的自然灾害以及资源的无序开发和利用已经对达赉湖自然保护区生态旅游资源造成了很大的影响,水位下降,芦苇湿地全部退化,湖水富营养化等问题陆续出现。长期下去保护区的生态旅游资源将受到更大的破坏,呼伦贝尔草原的生态环境也会受到毁灭性的影响,因此需要投入大量的资金对保护区的生态旅游资源进行修复和保护,但由于保护区资金有限,中国环境保护基金会希望通过呼伦贝尔市居民进行捐款的途径建立"达赉湖生态旅游资源保护专项基金"对保护区的生态旅游资源进行修复和保护,请问您是否愿意为其捐款?(连续 5 年)

愿意(　　)　　不愿意(　　)

如果不愿意,回答确定性及不进行支付的原因。如果愿意,则继续回答:您是否愿意每年为其捐赠 <u>50</u> 元(连续捐赠 5 年)? 空白处是由以上 10 个报价值随机抽取的某一个报价值。继续回答:如果您愿意为保护达赉湖自然保护区的生态旅游资源进行捐款,请写下您的通信住址、邮箱、QQ 等(联系方式任选其一或其二),中国环境保护基金会将会给您邮寄相关资料,并协商捐款事宜。如果被调查者写下任意一种联系方式,表明此被调查者具有支付意愿,如果没有留下任何联系方式,认为其不愿意捐款,具体实验设计如图6-1。

追加问题:您对您的回答确定吗?(1~10 代表确定的不同程度,1 代表"一点也不确定",10 代表"非常确定",在相应的数字上打"√")

一点也不确定　　　　　　　　　　　　　　　　　　　　　非常确定

| 1 | 2 | 3 | 4 | 5 | 6 | 7 | 8 | 9 | 10 |

第 4 部分:社会经济特征的调查。此部分为被调查者年龄、性别、收入、学历等信息,还包括被调查者对于问卷的理解程度"您对问卷理解得如何?"。

6.3　被调查者不确定性处理方法

许多因素导致被调查者不确定性的产生。首先,被调查者没有足够的时间和信息去理解问卷中的所有问题;其次,大多数民众尤其是像呼伦贝尔地区这样的少数民族地区的民众没有公共物品的支付经验;第三,由于被调查者社会背景的不同,问卷很难保证每位被调查者能获得他们需要的信息,因此假设被调查者完全确定问卷中的支付意愿问题会导致评估结果的偏差。

本研究采用了重新编码和权重调整两种方法,并使用 Hypotherical、Sure、Expsure、YES5、YES6、Real 等 6 种模型对被调查者的不确定进行处理。每个 Logit 模型只包含一个独立的变量(捐款金额)。

6.3.1　Hypotherical 和 Real 模型

在虚拟模型中(Hypotherical),因变量(Y)是被调查者对支付意愿问题的回答。如果被调查者愿意捐赠,因变量(Y)为 1,否则,因变量(Y)为 0。在真实模型中(Real),如果被调查者愿意捐赠,笔者将请求被调查者提供联系方式,以便将该项目更详细的信息发给被调查者。如被调查者提供联系方式,则被调查者被认为真正愿意支付,此时因变量(Y)为 1,否则因变量(Y)为 0。与不愿意留下联系方式的被调查者相比,留下联系方式的被调查者更愿意进一步了解关于保护区生态旅游资源的相关捐赠事宜,支付的可能性更高。因此真实模型的设计进一步减少了 CVM 的偏差。

6.3.2　Sure 和 Expsure 模型

Ekstrand、Loomis 和 Martínez-Espiñeira、Lyssenko 使用权重调整法给予确定性高的被调查者更高的权重。本研究使用了两种处理方法(Sure 和 Expsure 模型),两个模型与虚拟模型的因变量、自变量完全相同。但是,为了降低确定性低的被调查者的权重,在 Sure 模型中本研究将被调查者对于确定性问题的回答(1~10 确定性中,1 是非常不确定,10 是非常确定,您对您回答的确定性是如何?)作为权重。在 Expsure 模型中,将被调查者确定性回答的指数作为权重,此处理方法进一步降低了确定性低的被调查者的权重。

6.3.3　Yes 5 和 Yes 6 模型

Champ 认为应该只把确定性为 10 的被调查者看成是真正支付的被调查者。根据以往的研究结果,本研究选择了 5 和 6 两个确定值(Yes 5 和 Yes 6)。在这两个模型中,因变量来自于被调查者对于支付意愿问题的回答。在模型 5 中如果被调查者回答愿意支付,而且确定性高于或者等于 5,那么认为此被调查者真正愿意支付(因变量=1),否则认为不愿意支付(因变量=0)。在模型 6 中,如果被调查者回答愿意支付,而且确定性高于或者等于 6,那么认为此被调查者真正的愿意支付(因变量=1),否则认为其不愿意支付(因变量=0)。与其他模型一样,自变量只包括报价值。

6.4　结果与讨论

6.4.1　被调查者社会经济特征(2010 和 2014)

2010 和 2014 年两次调查的目的基本相同,并使用了基本相同的调查方法。两次调查采用了相同的 9 个报价值。不同的是,2010 年的问卷没有关于被调查者确定性的相关问题。调查的目的是呼伦贝尔大于等于 19 岁的居民。如表 6-1 所示,2010 和 2014 年被调查者的社会经济特征相似。

表 6-1 被调查者社会经济特征比较(2014 和 2010)

特 征		2010	2014
问 卷	发放量	700	1 350
	回收量	551	1 142
性 别	女性	42%	44.6%
	男性	58%	55.4%
年龄(岁)	18~30	36.4%	33.3%
	31~50	45.8%	49.2%
	51 或更大	17.8%	17.5%
月收入(元)	小于 1 000	2.2%	2.6%
	1 001~2 000	17.8%	20.5%
	2 001~3 000	39%	45%
	3 001~4 000	27.1%	22.6%
	4 001~5 000	10.9%	7.2%
	大于 5 000	3%	2.1%
教育水平	大专及以上	36.8%	33.7%
	高中及以下	63.2%	66.3%
WTP(元)	虚拟情境支付意愿	59	72.17
	真实情境支付意愿	47	45.35

6.4.2 抗议性回复和各报价的接受比例

抗议性回复是降低 CVM 有效性的主要原因,很多因素会导致抗议性回复的产生。Spash(2006)表明被调查者不能接受支付手段会导致抗议性回复。Clark et al.(2000)认为有些被调查者为了尽快结束调查会选择尽快结束策略,比如回答"接受"或者拒绝。为了减少被调查者的时间压力,调查问卷中仅包括 13 个问题。每位被调查者完成问卷的时间大约是 10 分钟。为了减少抗议性回复,本研究采用了面访式调查,并且提前对调查者进行讲解和培训。调查者介绍调查者的目的和背景,解释被调查者在问卷中遇到的疑惑。调查中采用了两分式条件价值法,它比开放式和支付卡法更加有效。Szabó(2011)认为没有任何一种支付方式能使所有被调查者都可以接受,在中国的制度背景下,捐款更能被广大群众接受,是更合适的支付方法。

2014 发放问卷 1 350,回收有效问卷 1 142 份。因为以下的 7 个因素,250 位被调查者不愿意支付,大部分被调查者认为"这是政府的职责"(57.6%)。这是由中国独特的社会经济特征决定的,比如中国居民没有参与解决环境问题的意识;11.2%的被调查者认为他们已经交了很多税;10.4%的被调查者认为应该由破坏保护区的人来进行支付;7%的被调查者认为所提供的信息不能够使其完全理解整个项目;5.6%的被调查者认为家庭贫困,无力承担捐款;3.2%被调查者不相信这部分资金会被用于生态旅游资源保护;2.6%的被调查者认为保护与否无所谓;2.4%的被调查者对问卷没有兴趣。以上的回答中,回答"家庭贫困,无力承担捐款"的被调查者被认为是真正的零支付者,然而其他的 236 位被调查者被认为是抗议性支付者。表 6-2 表明抗议性回复的被调查者的社会经济特征与样本总体一致。如果抗议性回复的社会经济特征与样本总体一致,那么将抗议性回复者去除不会影响评估结果。因此接下来的分析是基于 906 位被调查者(不包括抗议性回复者)。

表 6-2　抗议性回复被调查者(236)与总体样本(1 142)社会经济特征对比

特　征		抗议性回复者(236)	样本总体(1 142)
性　别	女	43.6%	44.6%
	男	56.4%	55.4%
年　龄	18~30	31.4%	33.3%
	31~50	51.3%	49.2%
	大于或等于 51	17.4%	17.5%
月收入（元）	少于 1 000	2.6%	2.6%
	1 001~2 000	21.6%	20.5%
	2 001~3 000	46.6%	45%
	3 001~4 000	20.8%	22.6%
	4 001~5 000	6.4%	7.2%
	多于 5 000	2.1%	2.1%
教育程度	大专及以上	31.8%	33.7%
	高中或以下	68.2%	66.3%

表 6 - 3 是 2010 和 2014 年虚拟和真实情境下各报价的接受比例，表明报价值越高，接受的可能性越低。在虚拟情境下愿意支付的被调查者中，在 2010 和 2014 年分别有 5％和 10％的被调查者（28 和 92 人）拒绝提供联系方式，表明这些被调查者在虚拟情境下没有表达真正的报价。因此，真实支付情境的设计减少了虚拟偏差，提高了 WTP 的有效性。

表 6 - 3　虚拟和真实情境下愿意支付的被调查者每种报价接受比例

报价值	样本数量	虚拟情境			真实情境		
		WTP		愿意支付比例	WTP		愿意支付比例
		yes	no		yes	no	
10	102(61)	84(44)	18(17)	0.82(0.72)	74(39)	26(22)	0.74(0.64)
20	107(66)	82(34)	24(32)	0.77(0.52)	70(29)	35(37)	0.67(0.44)
50	112(59)	65(24)	47(35)	0.58(0.41)	55(22)	55(37)	0.50(0.37)
80	88(58)	37(15)	51(43)	0.42(0.26)	22(12)	64(46)	0.26(0.21)
100	106(62)	32(22)	74(40)	0.30(0.36)	18(19)	87(43)	0.17(0.31)
120	112(68)	25(12)	87(56)	0.22(0.18)	15(7)	96(61)	0.14(0.10)
150	92(54)	20(7)	72(47)	0.22(0.13)	11(5)	80(49)	0.12(0.09)
180	90(60)	20(5)	71(55)	0.22(0.08)	10(3)	78(57)	0.11(0.05)
200	97(63)	7(4)	90(59)	0.07(0.06)	4(3)	92(60)	0.04(0.05)
total	906(551)	372(167)	534(384)	3.63(2.72)	279(139)	613(412)	2.75(2.26)

6.4.3　确定性值的分布频率

表 6 - 4 表明在虚拟情境下，愿意支付和不愿意支付被调查者各报价值的确定性比例，结果与 Martínez-Espiñeira 和 Lyssenko（2012）相似。Martínez-Espiñeira 和 Lyssenko（2012）认为 31.4％的愿意支付的被调查者是非常确定的（确定性为 10），然而在本研究中，确定性为 10 的被调查者比例为 32.79％。其他的确定性值如下所示（表 6 - 5）：确定值 1：Martínez-Espiñeira 和 Lyssenko（2012）中是 2.33％，本研究是 1.35％，确定值 2：0.39％（1.88％），确定值 3：1.16％（4.57％），确定值 4：1.55％（5.38％），确定值 5：13.18％（10.22％），确定值 6：6.59％（6.45％），确定值 7：14.73％（8.33％），确定值 8：21.32％（19.89％），确定值 9：7.36％（9.14％）。两个研究中，出现频率最高的五个确定值分别是

表 6-4　被调查者确定性的分布频率，N=906(去除抗议性回复)

	虚拟情境中不愿意支付的被调查者				虚拟情境中愿意支付被调查者				真实情境中愿意支付被调查者		
确定性(SURE)	频次(Freq)	百分比(percent)	累计百分比(cumulative)	确定性(SURE)	频次(Freq)	百分比(percent)	累计百分比(cumulative)	确定性(SURE)	频次(Freq)	百分比(percent)	累计百分比(cumulative)
0.1	1	0.19	0.19	0.1	5	1.35	1.35	0.1	1	0.36	0.36
0.2	0	0	0.19	0.2	7	1.88	3.23	0.2	1	0.36	0.72
0.3	6	1.12	1.31	0.3	17	4.57	7.8	0.3	7	2.51	3.23
0.4	6	1.12	2.43	0.4	20	5.38	13.18	0.4	8	2.87	6.1
0.5	49	9.18	11.61	0.5	38	10.22	23.4	0.5	26	9.32	15.42
0.6	5	0.93	12.54	0.6	24	6.45	29.85	0.6	17	6.09	21.51
0.7	12	2.25	14.79	0.7	31	8.33	38.18	0.7	25	8.96	30.47
0.8	21	3.93	18.72	0.8	74	19.89	58.07	0.8	64	22.94	53.41
0.9	14	2.62	21.34	0.9	34	9.14	67.21	0.9	30	10.75	64.16
1	420	78.7	100	1	122	32.79	100	1	100	35.84	100
total	534	100%	100		372	100%	100		279	100%	100

5,7,8,9 和 10。在本研究中,由于信息缺失而不愿意进行支付的 14 位被调查者被认为是确定值为 10 的不支付者。本研究确定值为 10 的不愿意支付的被调查者比例是 78.7%,Martínez-Espiñeira 和 Lyssenko(2012)研究中比例是 42.19%。接下来的比例如表 6-5 所示:Martínez-Espiñeira 和 Lyssenko 确定值 1:29.30%(2012)和本研究 0.19%,确定值 2:0.39%(0%),确定值 3:2.34%(1.12%),确定值 4:1.56%(1.12%),确定值 5:8.59%(9.18%),确定值 6:3.13%(0.93%),确定值 7:3.13%(2.25%),确定值 8:7.03%(3.93%)和确定值9:2.34%(2.62%)。在两个研究中,出现频率最高的确定值是 10。与本研究不同,在 Martínez-Espiñeira 和 Lyssenko(2012)研究中确定值 1 出现频率第二。这是因为在 Martínez-Espiñeira 和 Lyssenko(2012)研究中被调查者对于报价值是否接受的回答中包括"接受""不接受"和"不知道"三项,"不知道"被认为是确定值为 1 的不愿意支付者,而在 Martínez-Espiñeira 和 Lyssenko(2012)研究中很多被调查者回答了"不知道"。

表 6-5 被调查者确定值 1~10 的分布比例

		确定值 1	确定值 2	确定值 3	确定值 4	确定值 5	确定值 6	确定值 7	确定值 8	确定值 9	确定值 10
愿意支付	Martínez-Espiñeira AndLyssenko (2012)	2.33%	0.39%	1.16%	1.55%	13.18%	6.59%	14.73%	21.32%	7.36%	31.4%
	本研究(2014)	1.35%	1.88%	4.57%	5.38%	10.22%	6.45%	8.33%	19.89%	9.14%	32.79%
不愿意支付	Martínez-Espiñeira AndLyssenko (2012)	29.30%	0.39%	2.34%	1.56%	8.59%	3.13%	3.13%	7.03%	2.34%	42.19%
	本研究(2014)	0.19%	0%	1.12%	1.12%	9.18%	0.93%	2.25%	3.93%	2.62%	78.7%

表 6-5 表明了虚拟和真实背景下,愿意支付的被调查者确定值的比例。在真实(虚拟)情境中,确定值 1:0.36%(1.35%)。确定值 2:0.36%(1.88%);确定值 3:2.51%;(4.57%);确定值 4:2.87%(5.38%);确定值 5:9.32%(10.22%);确定值 6:6.09%(6.45%);确定值 7:8.96%(8.33%);确定值 8:22.94%(19.89%);确定值 9:10.75(9.14)和确定值 10:35.84%(32.79%)。真实情境下确定值为 4 或更低比例仅有 6.1%,而虚拟情境下

比例为 13.18％，表明确定值低于 4 的被调查者真正支付的可能性很小。真实情境中确定值大于 7 的被调查者比例比虚拟情境中高，表明确定值大于 7 的被调查者更有可能真正支付。

6.4.4　被调查者不确定性影响因素

诸多因素导致被调查者的不确定，Petrolia and Kim 总结了被调查者不确定性的影响因素。根据中国居民的社会经济特征，本研究选取了被调查者的社会经济特征（年龄、性别、教育程度、收入），被调查者对于研究区域的熟悉程度、被调查者对于研究区域资源开发的态度，被调查者的环境态度，被调查者对于问卷的理解程度等因素作为研究对象。

1）自变量的描述

为了测度被调查者的环境态度，问卷使用了新环境范例（NEP）12 个问题中的 6 个。被调查者使用五级量表法回答这六个问题，1 代表"强烈不同意"，2 代表"不同意"，3 代表"中立"，4 代表"同意"，5 代表"强烈同意"。表 6 - 6 是被调查者对这六个问题的回答。总体上来说，被调查者对前三个问题的回答是"同意"或"非常同意"，与 Lee 和 Mjelde 的研究相比，被调查者对于所有回答的分布更加的平均，说明与发达国家相比，中国居民环境态度更弱。后三个问题，被调查者趋向于回答"非常不同意"或者"不同意"。被调查者对六个问题的回答如下，环境态度变量（EA）赋值为 1：问题 1 到 3，被调查者回答同意或者非常同意，问题 4 到 6，被调查者回答不同意或者非常不同意。其他所有情况都赋值为 0。变量的其他描述如表 6 - 7 所示。

表 6 - 6　被调查者对于新环境范例中 6 个问题的回答情况

问　　　题	非常反对	反对	中立	同意	非常同意
如果人类违背自然规律必定产生灾难性后果	79	116	114	358	239
人类为了生存，必须与自然和谐相处	86	113	88	301	318
自然的平衡是非常脆弱的，很容易被打乱	108	145	105	299	249
人类凌驾于所有自然存在物之上	212	288	143	116	147
动植物存在的首要价值是被人类利用	229	296	79	187	115
人类有权改变自然环境以适应人类的需要	283	306	115	103	99

表 6-7 自变量编码描述

变 量	变 量 编 码
Y	被调查者确定性(1 to 10,1 代表一点不确定,10 代表非常确定)
年龄	1=18~30;2=31~50;3=大于 50
性别	1=男;0=女
教育程度	1=大专及以上;0=高中及以下
收入(元)	1=1 000 及以下;2=1 001~2 000;3=2 001~3 000;4=3 001~4 000;5=4 001~5 000;6=5 001 及以上
对达赉湖自然保护区的熟悉程度(FAM)	问题:您是否去过达赉湖自然保护区 1=去过;2=没去过
资源开发对保护区影响程度(IMPACT)	问题:您认为资源开发对保护区资源是否有影响? =1=有;2=没有
对问卷理解程度(CQ)	问题:您对问卷各问题的理解程度如何? 1=完全理解;2=部分理解;3=都不太理解
环境态度(EA)	EA=1,问题 1 到 3,被调查者回答同意或者非常同意,问题 4 到 6,被调查者回答反对或者非常反对;EA=0,所有其他回答。

2) 被调查者不确定性的影响因素

很多因素会影响被调查者的不确定性,比如对被评估物品了解不够、时间压力、调查手段。在调查中我们尝试着去探究是否还有其他因素影响被调查者的不确定性,从被调查者社会经济特征、对保护区的熟悉度、对保护区的影响意识、对问卷的理解程度、环境态度等角度来探究被调查者不确定性的影响因素,并比较真实和虚拟模型的不同。

本研究使用线性模型来分析真实和虚拟情境下被调查者不确定性的影响因素(公式 7)。分别以 372 位被调查者(在虚拟情境下愿意支付的被调查者)和 279 位被调查者(真实情境下愿意支付的被调查者)为样本分析被调查者确定性影响因素。

$$Y = \text{CON} + a \times \text{AGE} + b \times \text{GENDER} + c \times \text{EDU} + d \times \text{INCOME} +$$
$$e \times \text{FAM} + f \times \text{IMPACT} + g \times \text{EA} + h \times \text{CQ} \tag{6-1}$$

式中,CON 为常数,AGE 为年龄,GENDER 为性别,EDU 为学历,INCOME 为收入,FAM 为对保护区的熟悉程度,IMPACT 为资源开发对保护区影响程度,EA 为环境态度,CQ 为对问卷理解的程度。

表 6-7 显示了自变量的详细描述,结果如表 6-8 所示。研究结果表明:性别、教育和熟悉度对确定性有正向的影响但不显著,男性、教育水平高的被调查

者对各自的回答更确定。对保护区较熟悉的被调查者对回答的确定性更高。相反年龄、理解程度对被调查者确定性有反向的影响但不显著。年龄较大、对问卷理解程度较好的被调查者更不确定自己的回答,这与我们的预期相反。在906位被调查者中,39.9%的被调查者对问卷理解很好,49.2%部分理解,10.9%理解不好。这可能是因为对问卷理解更好的被调查者更能意识到评估问题的复杂性,导致他们对自己的回答更加不确定。很多被调查者能够意识到问题的复杂性,但是他们没有足够信息和时间给出更加确定性的回复。因此,应该给予被调查者更多地考虑时间和相关信息,同时说明审议性货币评估方法应用的必要性。

在虚拟和真实情境下收入对被调查者的确定性有强烈的显著影响($P<0.01$和$P<0.001$)。更高的收入意味着更高的对 WTP 的确定性。资源开发的影响对被调查者的确定性有强烈的显著影响($P<0.05$和$P<0.01$)。认为资源开发对 DLPA 有影响的被调查者确定性更高。环境意识对被调查者的确定性有极其的显著影响($P<0.05$和$P<0.05$),越强的环境意识确定性也越高。

表 6-8 被调查者确定性影响因素

变 量	虚拟情境		真实情境	
	参数	SE	参数	SE
常数	5.546***	0.737	6.246***	0.700
年龄	−0.061	0.169	−0.108	0.162
性别	0.301	0.248	0.033	0.239
教育	0.298	0.263	0.199	0.253
收入	0.384**	0.126	0.410***	0.115
熟悉度	0.275	0.267	0.074	0.264
影响	0.780*	0.308	0.916**	0.347
环境态度	0.514*	0.256	0.549*	0.245
问卷理解程度	−0.247	0.192	−0.309	0.178
样本数	372		279	
Sig.	0.000 1		0.000 0	
Pseudo-R^2	0.080 9		0.089 9	

注:***$P<0.001$,**$P<0.01$,*$P<0.05$。

6.4.5 不确定性的处理

以906位被调查者为基础采用6种模型处理被调查者不确定性(去除236

位抗议性回复)。真实模型将提供联系方式的被调查者认定为真正的支付者。这种处理减少了虚拟偏差,提高了评估的有效性。虚拟模型是没经过任何处理的模型,虚拟模型 WTP(72.17 元)比真实模型(45.35 元)高 59.1%,虚拟模型的WTP 大小位居第二。WTP 的不同表明虚拟模型夸大了真实支付。真实模型的实验设计减少了虚拟偏差。因此,为了对比各确定性处理模型的有效性,本研究将真实模型作为比较基础模型,同时,为了与其他相关研究进行对比,虚拟模型也作为比较模型。

　　SURE 模型将确定值作为权重。与虚拟模型相比,SURE 模型的 WTP 下降了 10.7%(表 6 - 9),Martínez-Espiñeira 和 Lyssenko(2012)研究中与虚拟模型相比,SURE 模型 WTP 降低了 36%。模型中给予确定性更高的被调查者较高的权重。相比 Martínez-Espiñeira 和 Lyssenko,完全确定不愿意支付的被调查者比愿意支付的被调查者比例高。因此,SURE 模型的 WTP 比虚拟模型小,但在虚拟模型 95% 的置信区间内。但是,虚拟模型的 WTP 不在 SURE 模型的95% 置信区间内。SURE 模型比真实模型 WTP 高 42.1%,但是并不在真实模型的 95% 的置信区间内。Exposure 模型使用指数化的确定值作为权重,其WTP 值比虚拟模型低 39.4%,与真实模型 WTP 最为接近,并在真实模型的95% 的置信区间之内。真实模型的平均 WTP 也在 exposure 模型的置信区间之内。因为 exposure 模型将确定值的指数化,这种处理方式给予确定性高的被调查者更高的权重,从而进一步减少了虚拟偏差。

　　一系列的研究都致力于获得更真实的 WTP。Champ et al.(1997)首次比较了虚拟模型 WTP 与真实捐款,结果表明将确定值为 10 的被调查者作为真正的支付者,其评估结果才会更加接近真实支付。Champ and Bishop 发现确定值为8 或更高的被调查者更有可能进行支付。Ethier et al.(2000) and Poe et al.(2002)认为确定值大于 6 或者 7 的被调查者更有可能进行支付。本研究发现YES6 和 YES7 的 WTP 更接近真实模型的 WTP。与虚拟模型相比,YES6 和YES7 的 WTP 分别降低了 42.3% 和 60.6%,并且也不在虚拟模型的 95% 的置信区间内。YES6 模型 WTP 比真实模型高 8.1%,YES7 模型 WTP 比真实模型低 37.2%。YES6 模型的 WTP 在真实模型 WTP 的 95% 置信区间内,而 YES7模型的 WTP 不在真实模型 WTP 的 95% 的置信区间内。因此,研究结果表明被调查者的确定值为 6 时能够最大限度地降低虚拟偏差,结果也最接近真实WTP,这与 Poe et al.的研究结果一致。

　　本研究使用 McFadden's pseudo - R^2 作为模型拟合度的测量值。表 6 - 9 表

表6-9 不同处理方法之间评估结果对比（N=906）

变量	虚拟	sure	expsure	YES6	YES7	真实
因变量	YESNO	YESNO	YESNO	YESNO6	YESNO7	YESNO
权重	NA	sure	Exp(sure)	NA	NA	NA
报价值	−0.019 068 5***	−0.020 419 3***	−0.021 680 3***	−0.017 653 5***	−0.015 881 7***	−0.021 604 3***
常数	1.376 265***	1.315 796***	0.948 354 7***	0.735 373 7***	0.451 969 7***	0.979 773 7***
Pseudo-R^2	0.194 5	0.214 0	0.226 1	0.164 0	0.136 1	0.219 7
平均WTP	72.17	64.44	43.74	41.66	28.46	45.35
Lower bound	63.64	55.99	31.56	30.13	13.64	36.22
Higherbound	80.44	72.48	53.85	51.39	40.04	53.41
ASL	0.000 0	0.000 0	0.000 0	0.000 0	0.000 3	0.000 0
CI/mean	0.23	0.26	0.51	0.51	0.93	0.38

注：*** $P<0.001$，** $P<0.01$，* $P<0.05$。

明 EXPURE 模型的 McFadden's pseudo $-R^2$ 最大,第二和第三分别是 real and sure model(0.219 7 and 0.214 0),YES7 模型拟合度最差(0.136 1)。表 6 - 10 表明研究结果与以往研究的结果一致(Martínez-Espiñeira and Lyssenko,2012)。

表 6 - 10 CVM 评估结果对比(2010,2014)

年 份	真实支付意愿	虚拟支付意愿
2010	47	59
2014	45.35	72.17

6.4.6 CVM 可靠性

CVM 通过构建虚拟市场来引出被调查者支付意愿,在每次 CVM 调研过程中,由于被调查者的样本选择、信息传达等方面的不同,即使使用同样的问卷在不同的时间进行调研也会产生截然不同的评估结果,因此 CVM 的可靠性一直受到广泛的质疑。本研究以达赉湖自然保护区为例,在 2014 年针对呼伦贝尔市居民进行了访谈和问卷调查,并把评估结果与以往的 2010 年的结果相对比。结果表明:2010、2014 被调查者虚拟和真实支付意愿相近,具有一定的可靠性,但相比虚拟支付,真实支付更具可靠性。

6.5 小 结

CVM 在资源环境经济价值评估领域已经得到了广泛的应用。但是,由于 CVM 建立在虚拟市场之上,其有效性和可靠性受到了广泛的质疑。事实上,大多数被调查者不能够完全确定的表达支付意愿;因此,如何处理被调查者的不确定性成为较为重要的研究方向。本研究采用了不同的方法对被调查者的确定性进行处理,并与虚拟和真实模型进行对比,同时探究了影响被调查者确定性的影响因素。为了检测 CVM 的可靠性,本研究比较了 2010 和 2014 的研究结果。本研究得到了如下结论。

(1)本研究比较了 2010 和 2014 的评估结果,表明在真实模型 WTP 降低了 3.5%,虚拟模型 WTP 提高了 22.3%。两次研究比较结果表明相对虚拟模型,真实模型的可靠性更高。

(2)本研究引入了真实支付情境,结果表明在 2010 和 2014 年,分别有 5% 和 10% 的被调查者(28 和 92 人)在虚拟情境下愿意支付,而在真实情境下拒绝支付,表明在虚拟情境下部分被调查者并没有提供真实的报价。因此,真实背景的处理减少了虚拟偏差,提高了 WTP 的准确性。

（3）14 位因为信息缺失而拒绝支付的被调查者被认为是非常确定(确定值 10)不愿意支付的被调查者,78.7％的被调查者不愿意支付,其确定值为 10;但是,回答愿意支付的被调查者对他们的回复更加不确定(32.79％的被调查者完全确定),这与 Martínez-Espiñeira and Lyssenko(2012)研究结果相差较大。这是因为在 Martínez-Espiñeira 和 Lyssenko(2012)研究中被调查者对于报价值是否接受的回答中包括"接受""不接受"和"不知道"三项,"不知道"被认为是确定值为 1 的不愿意支付者,而在 Martínez-Espiñeira 和 Lyssenko(2012)研究中很多被调查者回答了"不知道"。

（4）确定值小于 4 的被调查者在真实情境中支付的可能性较小,确定值大于 7 的被调查者在真实情境中支付可能性更高。

（5）在虚拟和真实支付情境中,收入、资源开发和保护区的影响、环境意识对被调查者的确定性有正向的显著影响。在真实情境下收入和资源开发对保护区影响意识比在虚拟情境下更显著。对问卷理解程度更高的被调查者更加不确定其回答,但影响度不高。

（6）本研究采用 6 种处理方式对被调查者不确定性进行处理,并将每种处理方式与虚拟和真实支付情境进行比较。平均 WTP 结果表明 EXPOSURE 模型和 YES6 模型在真实模型 WTP 的 95％的置信区间内。本研究的结果引入了真实模型,减少了虚拟偏差,从而获得了更有效的 WTP。

（7）20.6％的被调查者给予抗议性回复,并从本研究的分析中去除。抗议性回复会降低评估结果的有效性。至今还没有一致性的方法来减少抗议性回复。大对数研究认为应该在总体中去除抗议性样本。Haab and Mc Connell (2003)认为在计算平均 WTP 时抗议性回复应该被看作是支付意愿为 0 或者去除。Solomon and Johnson(2009)和 Grammatikopoulou and Olsen(2013)认为如果抗议性回复者的特征与样本总体没有显著的区别,从样本总体中去除抗议性回复是合理的。目前关于如何处理抗议性回复还未形成一致的意见。提高 CVM 有效性最好的途径是减少抗议性回复。Szabó(2011)研究发现协商货币评估法能够将抗议性回复减少一半(从 29％到 13％)。DMV 能够解决 CVM 中诸如被调查者缺少思考时间和决策信息的问题,较适用于缺乏非市场评估经验的中国民众。

第7章 协商货币评估法在非使用价值的应用

　　环境资源是人类生存和发展的基础,人类的生产生活依赖于地球各类资源,包括食物、社会关系或者精神财富,人类福祉与环境资源关系密切。长期以来,由于没有准确评估环境资源价值的方法,人类无偿地使用着大自然提供的资源,环境资源被看作是取之不尽的免费公共服务,导致地球上很多重要资源遭到了严重的破坏。长此以往,将会严重威胁生物多样性以及生态服务的必要供给。因此,客观准确评估环境资源价值成为环境资源资产化管理、生态补偿、生态服务有偿使用等政策实施的迫切需求。

　　但由于环境资源固有的"免费性"和"非市场性",导致很难对其进行量化和货币化评价,至今还没有较为成熟的环境资源评估方法。通过引出人们支付意愿(Willingness to Pay,WTP)的陈述偏好法在国内外得到了广泛的应用,产生了较大的影响。但是,由于陈述偏好法建立于虚拟市场之上,存在信息偏差、抗议性偏差、策略偏差等各种问题,使其有效性受到了广泛地质疑。针对陈述偏好法存在的问题,一些学者使用协商货币评估法(Deliberative Monetary Valuation,DMV),即将协商方法(如公民陪审团、焦点会议等)与陈述偏好法相结合来评价环境资源价值,取得了较好的研究成果。

　　国内关于 DMV 的研究较少,仅见于王朋薇等将 DMV 尝试性的用于评估达赉湖自然保护区的资源价值。国外关于 DMV 在环境资源价值评估中的应用以案例研究居多,而 DMV 的综述类文章相对较少。集中于如下几例:Spash 总结了 DMV 应用过程中存在的问题,如价值多元性、价值不可比性、字典偏好、社会公正、公平和非人文价值等;Bunse 通过回顾相关文献,分析并总结了协商对于环境资源价值评估的作用,并提出了 DMV 存在的问题;Lo 和 Spash 回顾了 DMV 文献,将 DMV 分为偏好节约化和偏好道德化两种方法,同时提出了第三种方法即以语篇为基础的方法。本研究分析了国外 DMV 的研究背景和研究内容,在此基础上阐述了 DMV 面临的挑战,并提出了 DMV 在中国环境资源价值评估应用中的启示,以期能够为 DMV 在中国的应用及推广提供借鉴,为环境资源价值探索更有效的评估方法。

7.1　研究背景

7.1.1　环境资源的货币评估

自从 20 世纪 60 年代开始,因决策者在决策中经常低估环境资源价值,环境资源价值货币化评估逐渐成为研究焦点之一。为了理解个体如何看待环境资源及其变化,以及如何评估未使用过的服务价值,Krutilla 提出了"总体经济价值(Total Economic Value,TEV)"框架,此框架认为环境资源总体经济价值分为使用价值和非使用价值。使用价值的市场价格往往是存在的,非使用价值是不包括生态系统直接和间接使用价值的那部分价值,反映了个体从生物多样性和生态系统相关知识中获得的满意度。

目前,评估环境资源价值主要有三种方法:间接市场评估,揭示偏好法和陈述偏好法。间接市场评估主要是通过观察个体的相关市场行为获得环境资源价值,主要包括以价格为基础的市场(大多数用于可能在市场上出售的供给服务)、以成本为基础的市场(通过人工方法提供同样的环境资源所发生的成本)和生产功能(生态系统对于收入或者生产力提高的贡献);揭示偏好法主要是在与环境资源相关的现存市场中观察个体选择,包括旅行成本法和享乐定价法,揭示偏好法容易被市场缺陷和政策失灵所影响,并需要投入大量的时间和金钱,且不能评估物品的非使用价值;陈述偏好法是在虚拟市场情境下通过问卷询问个体对某环境物品改变的支付意愿(Willingness to Pay,WTP)或者受偿意愿(Willingness to Accept,WTA),主要包括条件价值法(提供被评估物品的一种属性变化)和选择实验法(提供被评估物品的几种可选择的属性变化)。

大多数评估方法只能获得 TEV 的部分价值,只有陈述偏好法能够引出包括非使用价值在内的全部价值。但是,陈述偏好法受到了环境经济领域学者广泛地批判。批判原因主要包括嵌入偏差的存在,被调查者偏好并不是早已形成或稳定的,信息缺乏或时间太短导致被调查者不能做出如此复杂的选择等。对陈述偏好法更根本性的批判包括生态系统内在价值的多元性,不同价值的不可比性,制度背景对于偏好表达的影响,难以解释社会公平,对于未来一代的忽视等。

7.1.2　协商方法在环境决策中的使用

协商方法是基于民主协商理论,该理论支持公众参与决策,并认为"公众参与及公民平等是合法政治决策和自治的核心"。Jacobs 认为,因为环境物品具有公共属性,政策机构在做出某个决策之前应该进行公开讨论。协商方法不仅会增加决策的合法性,而且也会使被调查者将自己置身于更长期的或更以社会为中心的位置。

为了增加公众决策的参与性,各领域的学者提出了不同的协商方法,比如公民陪审团、小组访谈等。公民陪审团在 20 世纪 70 年代美国和德国发展起来,是用于环境改变和决策评估的主要方法之一。公民陪审团出现的重要原因之一是决策中民主参与性太低,其目的是社会代表能够参与讨论重要社会问题,从而形成更长期的、更有效、更公平的观点和决策。

20 世纪 80 年代,Burgess 等提出在社会和市场研究中使用小组访谈。在争议性土地使用讨论中,Gregory 等将利益相关者对土地价值的协商讨论结果作为新政策制定的基础。Schkade 将协商结果作为环境调控经费支出的基础。Mc Daniels 和 Maguire 将协商决策分析用于不同的研究背景,如用于解决人类认知障碍或者用于解决社会公平和制度问题。公民陪审团、小组访谈等协商方法在环境以及各类决策中发挥了重要的作用。

7.1.3　协商货币评估

鉴于协商在环境决策中的重要作用以及陈述偏好法在环境物品评估中存在的诸多缺点,20 世纪 90 年代,Brown 等提出将协商方法与陈述偏好法相结合评估环境资源价值,Spash 将这种方法命名为"协商货币评估(DMV)"。而后DMV 逐渐得到了经济、政治、人文地理、应用心理学等不同学科的关注,学者们从不同的角度对 DMV 进行界定并展开实践研究。本研究不考虑 DMV 被赋予何种标签,而将协商方法和陈述偏好法结合起来的任何尝试都看作是 DMV。DMV 的主要目的是在协商的基础上,通过陈述偏好法引出货币价值,因此DMV 与其他形式的协商环境决策有明显的区别。

Macmillan 首次在环境资源货币评估加入了协商因素,并提出了市场摊位法,市场摊位法是由公民陪审团演化而来。Macmillan 和 Lienhoop 研究中的市场摊位法每组包括 5 到 12 个被调查者,被调查者参加两次会议。会议内容包括向被调查者提供被评估物品的相关信息,详细解释评估背景和支付手段,最后被调查者以非公开书写的方式表达各自 WTP。在两次会议之间,请被调查者通过笔记的方式记录他们的想法、问题以及相关行为。市场摊位法给予被调查者更多的思考时间和相关信息,通过深入讨论和较长的时间间隔为被调查者提供重新评估 WTP 的机会。

除市场摊位法外,各研究还采用公民陪审团、焦点小组等多种形式将协商加入环境资源价值货币评估中,小组协商过程也各有不同。总体来说,正是协商因素的加入使得 DMV 与诸如陈述偏好法等传统的货币评估法具有明显的区别。

7.2　研究内容

7.2.1　使用 DMV 的正确性

DMV 的使用主要是因为环境经济领域学者对陈述偏好法的各种批判和质疑。大多数被调查者对环境资源的偏好并不是早已形成的,而传统的陈述偏好法不能使被调查者形成理性偏好。王朋薇等认为协商的主要作用包括:为被调查者提供他们所需要的信息;给予被调查者更多的思考时间以及提问机会;与小组成员的协商讨论提高了被调查者对于被评估物品的理解程度等。DMV 能更有效地评估复杂的、被调查者不熟悉的环境资源。Szabó 的研究表明 DMV 可以减少被调查者的抗议性支付,从而提高评估结果的有效性。

因生态系统属于公共物品,Wilson 认为,对于环境资源价值的评估本质上应该通过公众讨论来形成一致的道德决策。正如 Jacobs 所陈述的那样,"环境行为应该从对与错的角度讨论,而不是简单地从成本与收益的角度讨论"。合理的价值阐述制度并不是个体价值的集聚,而是通过公众座谈会,被调查者讨论并总结对于整个社会来说什么样的决策最合理、收益最大。这样的公众座谈会能充分地考虑下一代的权利以及公平分配等问题。Wilson 和 Howarth 阐述"在选择生态系统产品和服务时,我们要考虑社会公平的需要"。Ward 认为公众座谈会能够考虑更大范围的价值,而陈述偏好法往往会忽略这些价值。

7.2.2　DMV 在环境资源价值评估中的应用

DMV 中的协商部分主要通过公民陪审团、市场摊位法、焦点小组、小组会议等形式实施。各研究在具体的协商讨论设计中差异很大。Macmillan 设计了两次协商讨论会议,两次会议间隔一周,Lienhoop 在第二次会议采用电话调查的形式。在大多数 DMV 研究中小组会议并不会持续太长时间,总体上短于公民陪审团的 2～3 天。每次会议后,通过传统条件价值法或者选择实验法引出被调查者的 WTP。小组会议内容包括信息的展示,被调查者提问,被调查者相互讨论等。Dietz 使用了"匿名小组技术"来减少小组讨论中经常出现的问题,请每位被调查者写下影响其决策的重要因素,然后在小组会议中讨论。此方法可以给予每位被调查者同样的关注,保证了信息共享。Kenter 引导被调查者通过讲故事等方式进一步挖掘更深层次价值。除了 Álvarez - Farizo 和 Robinson 的研究,大多数研究没有给被调查者向证人提问的机会。Kenter 尝试将 DMV 与系统模型、参与式地图等方法结合使用,在评估中更加充分考虑了研究区域的社会生态背景,并兼顾了利益相关者的观点。Völker 比较了协商前后被调查者对于环境资源各评估属性的 WTP,发现协商对于被调查者的 WTP 及环境资源保护、生态恢复等看法产生了很大的影响。

为了更好地实施小组协商,以及开展公平和公开的讨论,应该构建一个合理的 DMV 实施步骤。Blamey 以公民陪审团为模型设计了 DMV 实施步骤,时间从几小时到几天不等,内容包括向证人进行提问、相互讨论等环节。其他研究并没有指定具体的协商模式。Wilson 和 Howarth 认为协商小组评估应该达成一致性决定,但如何达成一致性决定一直存在争议。Brown 认为可以通过投票来达成一致,但 Ward 认为不应该将一致性作为评估目的,因为意见不一致更有可能为决策者提供更加有价值的信息。

7.2.3　DMV 获得价值的性质

DMV 获得价值的性质是否与福利经济理论假设相一致还存在争议。MacMillan 认为 DMV 与传统的陈述偏好法一致,是通过询问每个个体愿意支付多少来获得其最大 WTP,这与福利经济学框架相一致。MacMillan 担心"被调查者可能使用额外的时间和信息来决定公平捐款数额而不是最大 WTP",应尽可能避免这种情况及其他策略行为的发生。

然而,诸多文献认为 DMV 所获得的价值性质并不是个体 WTP,其价值性质与福利经济理论框架相冲突。Spash 认为 DMV 所获得的价值是基于道德考虑(值得去做,而不是个体从中能获得什么)的慈善贡献。Dietz 认为协商促使被调查者在表达 WTP 时充当了政策分析者的角色,这个角色使其关注的是公共价值而不是个体价值,并且"关注边际成本和收益以及实施的可行性和效率性"。Szabó 通过询问个体应该支付的"公平价格"来引出被评估环境物品的价值。

Kenter 比较了小组公平价格与个体 WTP 的区别并探究了原因,结果表明小组公平价格远低于个体 WTP。

DMV 所获得价值的性质仍具有较大的争议,有些学者认为以福利经济理论作为环境资源评估的理论基础是错误的,因为福利经济学理论不能够解释以社会为总体并能够代表生态系统收益的公平货币价值,也不能体现价值多元性。相比古典经济范例下产生的个体价值,DMV 更适合评估环境资源的货币价值,然而,其价值形成的理论框架还需进一步探究。

7.3　DMV 面临的挑战

虽然 DMV 存在一些问题,但是 DMV 是一种有潜力的环境资源价值的评估方法,尤其对于评估复杂和不熟悉的环境资源具有较大优势,但 DMV 同样面临很多挑战。

7.3.1　需要较大样本量

为了给决策者提供有意义的政策参考,需要获得精确的评估结果,而精确评估结果的获得很大程度上受到样本量的影响。但是,陪审团或小组会议等协商方式用时较长,且每组规模较小,成本很高。以往大多数研究的样本量均较小,只有很小一部分研究的样本量超过 100 人。因此,此方法可能只能用于较小地区范围的评估,因为小地区范围内其样本更具代表性。但是,对于较大区域、国内甚至全球范围,DMV 在应用中会出现样本的代表性与被调查者很难深入讨论这样的矛盾。

7.3.2　缺乏理论基础

DMV 所产生的货币价值超越了古典经济范例的假设,能更好地考虑公平和多元价值问题。但是,一旦摒弃价值评估的福利经济理论,目前还没有形成得到广泛认可的 DMV 引出货币价值的理论基础,这也是需要持续探究的一个重要问题。

7.3.3　存在诸多实践挑战

首先,小组讨论可能会被部分被调查者的观点所支配。被调查者地位和权力的不同导致小组协商中出现两极分化,从而影响被调查者分享各自的信息。这些问题会误导理性偏好的形成,使评估结果产生偏差。同时也会导致评估过程背离民主协商,从而形成不合理的决策。另外,协商小组和陪审团也可能会受到既得利益者的操控,Blamey 认为组织者、主持人和证人对于评估结果会产生很大的影响,对任何类型的操控都有潜在的办法。因此需要设计有效的协商过程以减少这些情况的出现,比如去除证人提供的误导性证据、采用"匿名小组技术"等。

7.3.4　与政策如何结合

DMV 能否成功实施依赖于如何将评估结果与政策有效地结合。DMV 能够产生比货币价值更多的结果,这些结果构成了政策建议的重要组成部分。但是,评估结果应该如何应用到政策中仍具有一定的挑战性。Goodin 指出,居民陪审团和其他协商机构往往很难影响政策过程。O'Neill 认为 DMV 的使用需与现存的机制相适应,从而为政策建议提供更多样化的价值。

总体来说,DMV 具有成为一种全新的具有创新性方法的潜力,它不仅能够促进对人与自然关系的进一步理解,而且能够帮助人们培养对共同价值的集体管理,是一种较有潜力的环境资源价值评估方法。但是,DMV 在理论支撑和实践应用中仍存在一定的问题和挑战,需要在理论和实践层面对 DMV 进行更深层次的研究。

7.4　DMV 在中国环境资源
价值评估应用中的启示

在中国环境资源资产化管理、生态补偿、生态服务有偿使用的大背景下,环境资源价值评估成为重要的研究领域。陈述偏好法,尤其是条件价值法(Contingent Valuation Method,CVM)在生态系统、资源环境、生态补偿等领域得到了较为广泛的应用。但是由于中国民众缺乏参与公共决策的经验,知识水平等限制条件的存在,导致 CVM 很难在较短的时间内引出民众对环境资源的真正 WTP。CVM 的评估结果存在有效性和可靠性等问题,亟须探索更加有效的生态系统价值评估方法。DMV 在国外已经得到较广泛的应用和推广,在国内王朋薇等开始对 DMV 进行尝试性的应用,但还需更多的 DMV 实践和理论探索。中国在 DMV 应用过程中,应关注以下三个方面,使其真正成为有效的生态系统价值评估方法。

第一,设计符合中国国情的 DMV 协商过程,深度挖掘 DMV 在引出被调查者信念、动机等先验价值的潜力,并充分考虑利益相关者的观点,增加其对决策的指导性作用。

第二,探索 DMV 获得价值的性质及理论基础,比较不同支付主体 WTP 的异同,如个体 WTP 和小组 WTP,深入探究各类货币价值表达方式的合理性。

第三,扩大 DMV 在环境资源价值评估中的应用范围,不仅仅将 DMV 局限于环境资源价值的货币评估,同时与中国特有的社会、文化、生态因素紧密联系起来,尝试性地将 DMV 与系统模型、参与式地图等方法相结合,从而引出环境资源更多元的价值。

7.5 小 结

虽然各类文献在 DMV 使用的正确性、范例和方法等方面具有较大差异,但是 DMV 实施的主要目的一致,均是为了提高环境资源价值评估的有效性和准确性。在复杂的、不熟悉的环境资源评估中,协商能够帮助被调查者形成偏好,DMV 更多地考虑了社会公平和多元价值,开创了一个较新的货币价值表达和阐释方式。

本章认为 DMV 是一种有潜力的环境资源价值的评估方法。但因 DMV 与传统的货币评估法存在交叉,并且考虑到价值的多元性,DMV 在使用过程中面临诸多挑战。如何解决这些挑战,使 DMV 在中国环境资源价值评估中发挥重要的作用,使其真正成为评估环境资源价值的有效方法将是未来重要的议题和研究方向。

第8章 DMV 在减少抗议性 回复中的作用

8.1 抗议性回复的存在是 CVM 亟待解决的问题

诸多因素引起抗议性回复,比如:不能够接受支付方式,信息缺失等。Macmillan 等认为过于简单的信息会引起抗议性回复或不负责任回复。根据前期研究可知,被调查者完成每张问卷的时间大约是 10 分钟左右,因此没有足够的时间获取所需要的信息并理解整个评估项目。被调查者为节省时间则会选择"尽快结束"策略。Blamry 和 Common 发现被调查者出于责任方面的考虑也会产生抗议性回复,CVM 问题中可能会暗示被调查者有责任去保护被评估物品以证明支付的合理性,而很多被调查者则认为保护某种公共物品不是自己的责任而是政府或者直接利益相关者的责任。抗议性回复的处理方法成为 CVM 被批判的一个焦点问题,大多数研究认为抗议性回复是不合理的选择,因此应该从总体样本中去除。Meyerhoff 和 Jones 等在研究中分别去除了 56% 和 68% 的抗议性回复,但研究结果表明这样的处理方法会导致评估结果出现很大的偏差。

为了解决以上问题,越来越多的学者开始探索新的资源价值评估方法。协商货币评估法在国外得到了较为广泛的应用,而在国内此方法未见使用。本研究以达赉湖自然保护区为例,使用协商货币评估法和条件价值法评估其生态旅游资源非使用价值,并比较二者的评估结果,以期在国内探索更有效的生态旅游资源非使用价值评估方法。

8.2 研究设计和数据收集

8.2.1 DMV 设计和数据收集

协商货币评估法(DMV),通过针对被调查者召开"小规模会议",并给被调查者更多地考虑时间以及与其他人商议的机会,再通过 CVM 引出被调查者支付意愿。相比 CVM 来说,DMV 使被调查者有更多的考虑时间并可以获得更加有针对性的信息,从而更有可能引出被调查者的真实支付意愿。DMV 包括以下优点:被调查者有考虑以及收集相关信息的时间,被调查者可以和其他人讨论,专业人员可以解答被调查者的疑惑。Brouwer 研究发现如果被调查者事先讨论了被评估物品以及所构建的虚拟市场等问题,那么被调查者能够更加透彻地理解问卷中支付意愿的相关问题,从而减少"抗议性回复",提高 CVM 评估的有效性。

DMV 协商讨论过程的设计是 DMV 能否成功实施的关键因素,国外很多学者针对 DMV 协商过程展开了讨论,Völker 探讨了在 DMV 中应该如何调动小组成员协商的积极性,并比较了协商前后被调查者支付意愿的不同。Vargas 等学者探讨了协商讨论如何帮助被调查者形成偏好,协商的作用都有哪些,应该如何设计协商过程使协商达到更好的效果。

以往研究通过召开两轮小规模会议的形式引出被调查者支付意愿,并要求被调查者在两轮会议上均表达支付意愿。第一轮会议要求被调查者在获得被评估物品的相关信息前表达支付意愿。在两轮会议间隔期间,被调查者可以与家人和朋友商议,通过各种途径获取相关信息,在第二轮会议重新表达支付意愿。但是以往的研究表明被调查者在两轮会议上所表达的支付意愿并没有显著的差别,因此第二轮会议的作用受到了质疑。本研究在第一轮会议中并不提出支付意愿问题,只要求被调查者讨论保护区的生态旅游资源以及支付方式等相关问题,不要求被调查者表达支付意愿的具体数额。在第二轮会议要求被调查者填写调查问卷表达支付意愿。在第一次和第二次会议间隔期间要求被调查者通过笔记的方式记录收集的相关信息以及想法和态度的转变过程,从而使被调查者能够持续地关注被评估物品。

被调查者被分为 8 组,每组 5 到 13 人,由专业人员组织每组被调查者开会讨论,会议共分为两轮,每次会议持续大约 1.5 个小时。由专业人员提出会议讨论内容,并客观地回答被调查者提出的问题。对于参加了第一轮会议但未能参加第二轮会议的被调查者,调查者单独向其发放问卷,共 90 位被调查者完成了问卷。为比较 DMV 和 CVM 的评估结果,本研究同时使用 CVM 调查了 152 位被调查者对达赉湖自然保护区生态旅游资源的支付意愿。

第一轮会议主持人向被调查者阐述生态旅游资源的内涵、种类,被调查者讨论保护区生态旅游资源过去和现状的对比、资源破坏的原因以及防治措施、生态旅游资源的价值、是否应该保护保护区的生态旅游资源、支付方式等,但不要求被调查者表达具体的支付意愿。

第二轮会议被调查者交流笔记内容,交流在这一周时间内收集的各种信息、想法变化等,最后通过填写问卷的方式来表达其支付意愿。为保证问卷填写的独立性和匿名性,通过密封的方式上交问卷。

8.2.2　问卷设计

第 1 部分　研究目的及达赉湖自然保护区概况介绍。

首先向被调查者阐述本次调查的目的,然后介绍达赉湖自然保护区生态环境及生态旅游资源现状以及保护区的多种生态功能。

第 2 部分　被调查者环境态度的调查。

采用新环境范例(The New Ecological Paradigm Scale(NEP))中的 6 个问题对被调查者的环境态度和对保护区的看法进行调查。

第 3 部分　支付意愿引导部分。

本研究采取了支付卡报价法,为调查者提供了 11 个报价值 0,5,10,20,50,80,100,120,150,180,200 元以上,以上 11 个报价值参照了前期研究结果。

问题如下:

资源地无序开发和利用已经对达赉湖自然保护区生态旅游资源造成了很大的影响,为保护达赉湖生态旅游资源,您愿意每年为其捐赠＿＿＿＿元?（连续 5 年捐款）

0,5,10,20,50,80,100,120,150,180,200 元以上

第 4 部分　抗议性支付原因。

如果您选择了 0 元,请选择您不愿意支付的原因是什么?

□我已经交了很多税　　　　　　□是政府的职责

□我们需要看到实际的保护效果　□应该由环境破坏者支付

□不相信这部分资金会被用于生态旅游资源保护

□对此项调查没兴趣　　　　　　□保护与否无所谓

□家庭困难,无力承担

第 5 部分　被调查者的社会经济特征

包括被调查者的年龄、性别、月收入、教育程度等。

第 6 部分　被调查者对问卷理解程度的调查。

8.3 结果与分析

8.3.1 CVM 和 DMV 样本比较

在 316 位被调查者中,94 位被调查者参加了审议会议。样本量较少以及招募办法的非随机性导致被调查者不具代表性。此项研究的主要目的是比较 CVM 和 DMV 两种方法的评估结果,因此较小的样本量不会对其产生显著的影响。比较两组样本社会经济特征、被调查者的环境态度等 7 个变量,各变量的赋值情况如表 8-1 所示。使用新环境范例(NEP)和五级量表评估被调查者的环境态度和对保护区资源的看法(如表 8-2 所示)。通过 t 检验对 222 位 CVM 被调查者和 94 位 DMV 被调查者 7 个变量的均值进行差异分析,比较结果表明(表 8-1)两组样本在性别、家庭人口数、教育水平方面没有显著差异,两组样本的年龄呈现显著的差异($P = 0.047$),DMV 被调查者的平均年龄为 1.88,CVM被调查者的年龄为 1.83。

表 8-1 CVM 和 DVM 样本比较

变　　量	均　　值		独立样本 t 检验	
	CVM ($N=222$)	DMV ($N=94$)	F	P
性别(0=男,1=女)	0.57	0.56	0.069	0.793
家庭人口数(人数)	2.93	2.68	0.657	0.418
年龄(1=18~30,2=31~50,3=50 以上)	1.83	1.88	3.959	0.047
收入(1=低于 1 000,2=1 001~2 000,3=2 001~3 000,4=3 001~4 000,5=4 001~5 000,6=高于 5 000)	3.78	3.84	1.343	0.247
学历(0=大专以下,1=大专及以上)	0.39	0.45	2.743	0.099
NEP(问题 1、2、3 赋值:非常同意=5,同意=4,中立=3,不同意=2,非常不同意=1;问题 4、5、6 赋值:非常不同意=5,不同意=4,中立=3,同意=2,非常同意=1)	4.10	4.09	3.468	0.063
看法(非常同意=5,同意=4,中立=3,不同意=2,非常不同意=1)	4.17	4.34	1.677	0.196

表 8-2　被调查者 NEP 和对保护区看法的相关问题

NEP 问题	保护区资源看法问题
1. 如果人类违背自然规律必定产生灾难性后果	1. 达赉湖自然保护区的生态旅游资源是金钱买不到的,非常可贵的资源
2. 人类为了生存,必须与自然和谐相处	2. 达赉湖自然保护区的生态旅游资源是不可再生的
3. 自然的平衡是非常脆弱的,很容易被打乱	3. 对达赉湖自然保护区生态旅游资源的保护比对其开发重要得多
4. 人类凌驾于所有自然存在物之上	4. 达赉湖自然保护区对于整个呼伦贝尔草原乃至全国的生态环境都具有重要的作用
5. 动植物存在的首要价值是被人类利用	5. 达赉湖自然保护区的生态旅游资源是独一无二的
6. 人类有权改变自然环境以适应人类的需要	

　　第二个可能存在的偏差是两组样本的环境态度及对保护区资源的看法。CVM 被调查者的 NEP 和对保护区资源看法的均值分别为 4.10 和 4.17,DMV 被调查者 NEP 和对保护区资源看法的均值分别为 4.09 和 4.34,P 值分别为 0.063 和 0.196,表明 CVM 和 DMV 两组样本在 NEP 和对保护区资源看法方面没有显著差异。

8.3.2　CVM 和 DMV 抗议性回复比较

　　一些被调查者愿意通过义务劳动等形式参与保护区生态旅游资源的保护,但当提到为保护区生态旅游资源的保护进行支付时则出现了一些抗议性回复。产生抗议性回复最主要的原因是"我们需要看到实际的保护效果""不相信这部分资金完全用于资源保护""应该由环境破坏者支付""是政府的职责"等。但这并不意味着抗议性回复的原因仅局限于以上几种因素,其他原因可能被这些更重要的因素替代,被调查者未提出并进一步讨论。

　　如表 8-3 所示,CVM 的抗议性回复为 30.6%,而 DMV 的抗议性回复仅为 8.5%,DMV 显著地减少了抗议性回复(减少了 72.2%)。对比以往研究,CVM 的抗议性回复通常可以达到 30%~50%,本研究 CVM 的抗议性回复比率与以往的研究结果相近。对比 Meyerhoff 和 Liebe 2010 年 meta 分析的研究结果，8.5％的抗议性回复是比较低的。Watzold 使用审议会议的方法评估某公共物品价值，仅产生了 3％的抗议性回复，本研究结果和 Watzold 2008 年的研究结果一致。

表 8-3　抗议性回复率和 WTP 均值

	CVM	DMV
抗议性回复率	30.6％	8.5％
WTP 均值	39 元($N=154$)	51 元($N=86$)

8.3.3　模型比较

线性回归模型结果（表 8-4）表明如果以全部样本（包括抗议性回复和零支付者）作为分析基础（Model 1），收入、NEP、CVM 或者 DMV 评估方法对支付意愿具有正向极其显著影响（$P=0.000$，$P=0.001$，$P=0.000$），R^2 为 0.134。如果模型中只包括积极支付意愿样本（Model 2，去除抗议性回复者和零支付者），收入、NEP 对支付意愿具有极其显著影响，而使用 CVM 或者 DMV 评估方法对支付意愿没有显著影响，R^2 为 0.169。CVM 和 DMV 被调查者支付意愿的独立样本 t 检验值为 $P=0.113$，表明 DMV 并没有增加被调查者 WTP 的数额，而显著增加了被调查者积极支付意愿的比例（Model 1，$P=0.000$），从而减少了抗议性回复。

8.3.4　抗议性回复和非抗议性回复比较

表 8-5 表明 DMV 和 CVM 所有被调查者中，抗议性回复和非抗议性回复两组样本对保护区资源看法呈现了显著的差异（$P=0.035$）。CVM 被调查者中，抗议性回复和非抗议性回复两组样本对保护区资源的看法有显著差异（$P=0.040$），被调查者对保护区资源的看法源于其对保护区相关信息的了解和获取，说明被调查者对信息的获得显著影响了其是否产生抗议性回复。DMV 被调查者中两组样本对保护区资源的看法没有显著差异（$P=0.295$），说明抗议性回复的产生不完全受到被调查者所获得信息的影响，产生抗议性回复的被调查者同样可能对保护区资源有积极的看法，因此可能是支付方式、被调查者的价值观等其他因素导致被调查者产生抗议性回复。

表 8 - 4　线性回归模型

| | Model 1($N=316$) | | | Model 2($N=225$) | | |
	B	Beta	t	Sig.	B	Beta	t	Sig.
常数(Constant)	−88.680		−3.626	0.000	−110.820		−3.595	0.000
性别(gender)	0.273	0.003	0.057	0.955	2.937	0.032	0.499	0.618
年龄(age)	−4.873	−0.080	−1.418	0.157	−6.418	−0.101	−1.472	0.143
家庭人口数(size)	1.180	0.028	0.504	0.615	4.035	0.092	1.373	0.171
收入(income)	8.311	0.261	4.779	0.000	10.839	0.330	5.120	0.000
NEP	12.509	0.186	3.4	0.001	16.129	0.235	3.678	0.000
教育水平(education)	5.953	0.066	1.216	0.225	1.607	0.017	0.268	0.789
对保护区资源看法(idea)	4.228	0.060	1.115	0.266	7.642	0.099	1.555	0.122
CVM 或者 DMV(CVM=1, DMV=2)	18.478	0.191	3.528	0.000	11.190	0.116	1.839	0.067
R^2	0.134				0.169			
F statistic(sig.)	0.000				0.000			

表 8 - 5　CVM 和 DVM 样本抗议性回复和非抗议性回复比较

变　量	均　值		独立样本 t 检验	
	抗议性回复	非抗议性回复	F	P
看法(CVM 和 DMV 全部被调查者)	4.17($N=76$)	4.24($N=240$)	4.464	0.035
看法(CVM 被调查者)	4.12($N=68$)	4.19($N=154$)	4.258	0.040
看法(DMV 被调查者)	4.58($N=8$)	4.32($N=86$)	1.108	0.295

8.3.5　CVM 和 DMV 评估结果比较

CVM 被调查者对于保护区生态旅游资源的平均支付意愿为 39 元($N=154$),DMV 被调查者的平均支付意愿为 51 元($N=86$)。年龄与被调查者的支付意愿反相关(表 8 - 4 所示),DMV 比 CVM 被调查者的平均年龄大,因此如果两组样本之间没有年龄的差异,DMV 的评估结果会更大。这是因为由于 DMV 中被调查者获得了更多的知识和信息,有较长的考虑时间,部分抗议性回复转化为积极的 WTP。被调查者积极 WTP 越多 WTP 均值则越高,因此相对 CVM,DMV 减少 72%的抗议性回复,WTP 均值提高了 30.8%(CVM=39,DMV=51)。

8.3.6　讨论

条件价值法是目前评估资源环境非使用价值评估的主要方法,但由于其抗议性偏差、信息偏差等偏差的存在,使其受到广泛质疑。本研究以达赉湖自然保护区为例,使用 CVM 和 DMV 评估了其资源非使用价值,并比较了评估结果。研究结果表明 DMV 克服了 CVM 的一些局限性,尤其对于被调查者不熟悉或复杂的公共物品,在一定程度上解决了 CVM 存在的信息偏差、策略偏差、抗议性偏差等问题。相比 CVM,DMV 显著地减少了被调查者的抗议性回复(减少了 72.2%),增加了被调查者积极支付意愿的比例,提高了被调查者的 WTP。被调查者抗议性回复的产生不完全受到被调查者所获得信息的影响,还会受到被调查者的价值观、支付方式等因素的影响。

DMV 调查设计是否合理、能否充分调动被调查者协商讨论的积极性是 DMV 成功与否的关键因素。笔者请求被调查者在第一轮会议和第二轮会议之间通过笔记的方式记录收集相关信息以及想法和态度的转变过程,这种方法可以使被调查者持续关注被评估物品,更多地获取相关信息和知识,从而减少其消极态度的产生。被调查者笔记的内容和详细度有较大的差别,近30％的被调查者较为详细地记载了两轮会议期间获取的信息,对保护区资源看法和观点的转变,存在的疑虑等,而大部分被调查者并未详细记载观点的转变过程。在今后的研究中可以事先为被调查者设计记录表格,明确记录要求,使其更加有针对性地记载相关信息。本研究所使用的协商货币评估法(DMV)在评估其他类型的物品时是否能够减少抗议性回复有待于进一步研究,目前的研究还未充分发挥DMV 的优势,今后的研究应从更多的角度来探讨如何提高 DMV 的有效性,使DMV 评估结果更具政策指导性和应用性。

协商货币评估法(DMV)为被调查者提供提出疑虑、讨论问题、倾听他人想法的机会,有助于解决信任缺失等问题,并且可以使被调查者更加相信自己有能力完成一项复杂的评估工作,从而减少被调查者的认知压力。Frör 提出直觉推理会导致抗议性回复的产生,协商货币评估法(DMV)使被调查者不只是依赖直觉而是通过获取相关信息和知识从而形成对被评估物品的理性认知。未来的研究应该从更多的角度探讨如何通过 DMV 使被调查者形成更加理性的支付意愿,如:使被调查者在表达支付意愿时充分考虑研究区域的社会生态背景和深度挖掘自身的先验价值。在评估资源环境时应兼顾利益相关者的观点,使评估结果更具政策指导性和应用性。

8.4　小　结

本章阐述了抗议性回复对于 CVM 有效性和可靠性的影响,总结了协商货币评估的优点以及在减少抗议性回复方面的作用,对比了 CVM 和 DMV 的研究结果,结果表明以下几点。

(1) DMV 克服了 CVM 的一些局限性,尤其对于被调查者不熟悉或复杂的公共物品,在一定程度上解决了 CVM 存在的信息偏差、策略偏差、抗议性偏差等问题。

(2) 相比 CVM,DMV 显著地减少了被调查者的抗议性回复(减少了72.2％),增加了被调查者积极支付意愿的比例,提高了被调查者的 WTP。

(3) DMV 调查设计是否合理、能否充分调动被调查者协商讨论的积极性是DMV 成功与否的关键因素。

(4) 本章所使用的协商货币评估法(DMV)在评估其他类型的物品时是否能够减少抗议性回复有待于进一步研究,目前的研究还未充分发挥 DMV 的优势,今后的研究应从更多的角度来探讨如何提高 DMV 的有效性,使 DMV 评估结果更具政策指导性和应用性。

第9章 DMV 提高学习效果的作用

9.1 CVM 在我国应用中遇到的问题和挑战

由于我国与西方国家经济政治等背景不同，CVM 在我国应用过程中尚存在一系列的问题，如我国民众读写能力较差，甚至在某些落后地区还存在一些文盲。而 CVM 成功实施的前提是被调查者能够读懂并完全理解调查问题，因此面访式调查被广泛用于我国的 CVM 研究中。但前期的调查研究表明在诸如呼伦贝尔这样的少数民族地区，被调查者与调查者之间语言不通，沟通不畅等问题还是存在，在 CVM 调查过程中调查者很难在短短的时间内较全面地向被调查者传达各种信息。

另一个挑战是与福利经济学理论相关的功利性假设。福利经济理论认为个体试图最大化各自的利益，最小化成本，个体偏好是稳定且可传递的。然而在经济较落后的国家或地区，很多民众收入很低，甚至过着自给自足的生活，市场经验有限，个体可能并不遵从福利经济学理论的某些假设，所陈述的价值未必能够合理地反映环境物品和服务的真正价值。因此在经济较为落后的国家或地区，潜藏在货币评估下的功利性假设是否仍能够成立还有待确定。

第三个比较普遍的问题是陈述性偏好法假设被调查者的偏好是早已形成的。但是被调查者对于某环境物品的偏好并不是早已形成的，需要通过对话和协商重构而成。传统的个体陈述性偏好法不能够获得集体价值，而协商干预能够鼓励人们表达某环境资源真正的价值。

引入交流讨论，给予被调查者更多地考虑时间能够提高决策质量。越来越多的研究者意识到个体之间应通过交换新的知识来重构知识结构，而对话和协商的过程对于促进各种范畴的学习、提高对于复杂的社会和生态问题的理解能力、促进更加公平的决策是非常重要的。尤其是在被调查者教育水平较低的研究地，团体互动能够给予价值不太明显的环境物品更多关注，这对于与自然资本存在紧密而微妙关系的社会和地区来说尤为重要。

协商干预与陈述性偏好法相结合具有较好的应用潜力,这种结合以及条件价值法的假设是否可以用于货币经济较弱的地区?是否可以用于高度依赖生物多样性的地区?是否可以用于集体决策较为普遍的地区?是否可以改变被调查者对资源环境价值的认识?截至目前,在我国尤其是在与自然资本有密切关系的少数民族地区,仍然缺少对此方面的研究,还没有把协商干预与条件价值法相结合评估资源价值的尝试。本研究推动了资源与环境的货币化核算,有利于更精确解释政策的资源环境成本和收益,为自然资源资产化管理、生态补偿等政策的实施提供了理论依据与参考。

本研究以内蒙古自治区呼伦贝尔市达赉湖自然保护区为例尝试性的探究了把协商机制引入条件价值法,即协商式条件价值法。主要阐述了三个问题:① 被调查者如何评估当地的资源环境价值?② 协商干预是否可以改变被调查者所阐述的价值?③ 协商干预引发哪些类型的学习?在结果和讨论后,总结了此研究对于评估类似呼伦贝尔这样的少数民族地区的资源环境有哪些借鉴和启示?

9.2　研究设计和数据收集

9.2.1　DMV 设计和数据收集

协商干预过程中把握以下几个原则:被调查者来自对研究地有较好了解的呼伦贝尔市居民;研究者的主要目的是催化和促进协商过程;参与者的学习主要基于自身经验以及协商干预;研究组成员主要由当地的研究者组成,还有部分研究者为蒙古族,从而解决了因语言和文化障碍而带来的影响。

调研开展于 2015 年 6～10 月,调查对象来自呼伦贝尔市各旗、市、区,样本总数为 454 人,各旗市区抽样人数以其人口占整个呼伦贝尔市人口比例作为基础。评估的主要过程如图 9－1 所示。在初始设计阶段首先明确研究目的,对当地的主持人在主持、研究技巧及相关概念方面进行培训,进行初调查和预调查。数据从 43 个焦点小组获得。18 个小组(41.9%)来自西部和中部地区,9 个(20.9%)来自北部地区,16 个(37.2%)来自南部地区。所有被调查者中男性占58.4%,年龄主要以 31～50 岁为主,占一半以上。教育水平大专及以上占 31%,收入 2 001～3 000 人数较多。被调查者的社会经济特征与 2010 年的研究样本类似,样本总体具有代表性。焦点小组协商持续 3 到 4 小时,协商从一个热烈的讨论开始,首先被调查者讨论自己和达赉湖自然保护区曾经发生过哪些关联,讨论的目的让被调查者更加明确生产生活中与达赉湖自然保护区的联系,另一个目的是帮助被调查者建立对于各自知识的信心。经过以上讨论,焦点小组进行了第一轮的选择,紧接着是两次干预性讨论,再进行第二轮的选择。干预的目的是促使被调查者就保护区的相关问题进行讨论协商。第二轮回答完毕,被调查者陈述他们在讨论中的收获。

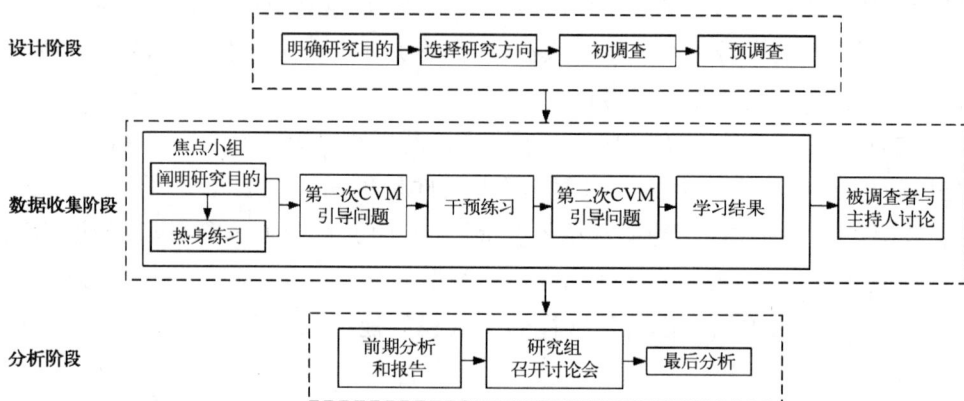

图 9-1 调查设计

9.2.2 问卷设计

第1部分 研究目的及达赉湖自然保护区概况介绍。

首先向被调查者阐述本次调查的目的,然后介绍达赉湖自然保护区资源和环境概况。

第2部分 被调查者列举生产生活中与达赉湖自然保护区有哪些联系。

第3部分 支付意愿引导部分。

本研究为调查者提供了10个报价值5,10,20,50,80,100,120,150,180,200元以上,以上10个报价值是在以往调查中被调查者选择频率最高的10个报价值,对10个报价值进行随机抽取,要求每个报价值的样本量基本相同。问题如下。

假设中国环境保护基金会和呼伦贝尔学院希望通过居民捐款的途径建立"达赉湖自然保护区保护专项基金"对达赉湖自然保护区进行修复和保护,假设您的捐款会全部用于达赉湖自然保护区的修复和保护,请问您是否愿意每年为其捐赠<u>50</u>元(捐赠连续5年)?

　　　　　　□愿意　　　　　　　　□不愿意

第 4 部分　两次干预讨论。

第一次干预讨论,要求被调查者讨论列举达赉湖自然保护区有哪些作用,使被调查者意识到保护区的重要作用,对各自的生活有怎样的影响。被调查者列举的保护区的作用主要包括以下几个方面:许多珍贵稀有植物的生长地、野生动物的栖息地、蓄水防洪防旱、净化水的作用、为人类提供食物、清除污染、调节气候。

第二次干预讨论,要求被调查者列举达赉湖自然保护区生态环境和自然资源被破坏的表现、原因及可能带来的后果,如表 9-1 所示。

表 9-1　第二次干预讨论的主题

表现	水位在逐渐下降;湖面萎缩,面积减少;渔业资源面临枯竭;湖水重度污染;生物多样性减少,一些动植物正在消失;湖周围草原退化、沙化;湿地萎缩;水体富营养化程度加剧
原因	工业排污;非法狩猎和捕捞;非法建筑设施;盲目开发利用湿地资源;过度放牧;旅游人数过多;自然因素
后果	湿地消失;水土流失;呼伦贝尔草原荒漠化;生态物种失衡;环境更加恶劣;影响人类的生产生活;赖以生存的文化资源消失;引发很多社会问题

第 5 部分　支付意愿引导部分,重复第 3 部分问题。

第 6 部分　被调查者说明此次讨论的收获。

第 7 部分　被调查者社会经济特征。包括被调查者的地区、年龄、月收入、教育程度等。

9.3　结果分析

9.3.1　审议货币评估与条件价值法评估结果比较

以被调查者是否愿意支付作为因变量(愿意支付为 1,不愿意支付为 0),以被调查者的性别、年龄等社会经济特征、被调查者所在地区、报价值及各小组的协商质量作为自变量构建 Logit 模型。研究结果表明:审议货币评估和条件价值法两个模型的拟合度均较高($Pseudo-R^2=0.1632$ 和 0.2277),审议货币评估中的干预讨论大幅度提高了被调查者的支付意愿,条件价值法中被调查者的平均支付意愿为 68.55 元(2012 年研究结果为 59 元),说明研究具有一定的可靠性，干预后平均支付意愿为 182.58 元。

CVM 中，被调查者收入、地区对支付意愿产生了正向的极其显著影响（$P<0.001$），说明收入越高的被调查者支付意愿越高，中部和西部地区的被调查者支付意愿更高。

DMV 中，收入和地区对支付意愿没有显著影响，报价对支付意愿仍然有显著影响（$P<0.05$），但影响度大大降低。而协商质量对支付意愿产生了极其显著影响（$P<0.001$）。协商质量由每组的主持人在协商结束后对每组的协商情况进行评价，分为很差、中等、较好、很好四个等级。没有协商质量很差的小组，8.4%的小组被认为是中等，39.8%的小组被认为好，51.8%的小组被认为很好。协商质量中等代表参加者很明确自己需要完成什么任务，但是对某些问题还不能完全理解。协商质量好的小组能较好地理解问卷中的问题，协商质量很好和较好的区别是：协商质量很好的小组其协商干预更加深入、热烈。性别、年龄、教育程度对支付意愿具有正向的影响，但并不显著。

表 9‑2　条件价值法和协商货币评估法 Logit 模型结果（$N=454$）

变　量	CVM		DMV	
性别	0.119 524 2		0.252 588 6	
年龄	0.058 665 7		0.011 838 7	
教育	0.215 160 1		0.643 684 3	*
收入	0.354 525 3	**	0.288 359 6	*
地区	0.512 062 8	***	0.331 861 1	*
报价	−0.014 537 8	***	−0.005 798 3	**
协商质量			1.575 311	***
常数	−1.463 037	**	−5.857 929	***
Pseudo‑R^2	0.163 2		0.227 7	
平均 WTP	68.55		182.58	
Lower bound	53.05		146.36	
Higher bound	84.19		260.69	
ASL	0.000 0		0.000 0	
CI/mean	0.45		0.63	

注：*** $P<0.001$，** $P<0.01$，* $P<0.05$。

9.3.2 协商货币评估法中被调查者的学习结果

经过被调查者之间的商议和讨论,被调查者获得了一系列的学习结果(图9-2),主要包括对资源环境抽象性笼统性的看法和对保护区更加具体的认识两个方面。对资源环境笼统的看法,如保护区的资源是不可再生的(20.5%)、保护区的资源是金钱买不到的(23.1%)、人类依赖环境而存在(28.5%)、对环境更加关注(29.7%)、更深刻的理解自然资源的重要性(60.7%),对保护区更加具体的认识,如保护区需要严格的管理和保护(89.6%)、保护区资源正面临枯竭(80.5%)、采矿、采沙、捕鱼等人类行为对保护区影响较大(75.2%)、鱼类、奶类、牛羊肉等食品安全受到威胁(69.1%)、保护区的美学、文化价值退化(32.5%)、担心下一代享受不到保护区的资源(29.5%)。

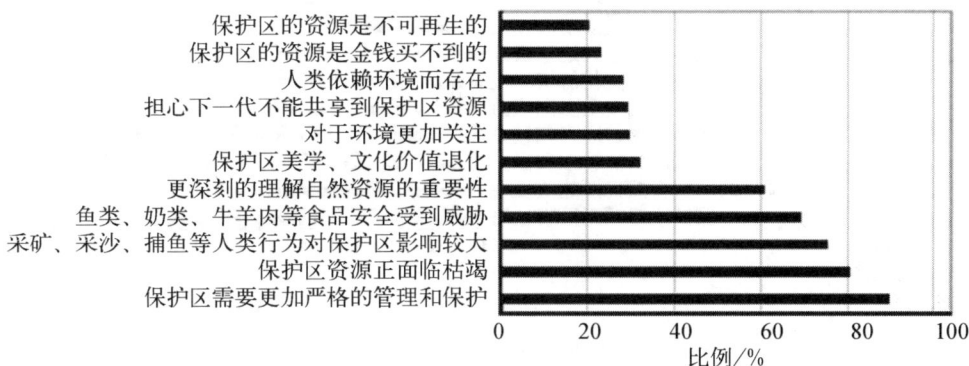

图 9-2 协商干预过程中被调查者的学习结果

每组之间的学习结果有所不同(见图9-3)。不同地区和协商质量之间有差异。大部分南部、北部的被调查者抽象性笼统性陈述相对较多,如图9-3(a),如更深刻的理解资源的重要性、对环境更加关注、人类依赖环境而存在等,而西部和中部的被调查者具体性陈述较多,如采矿、采沙、捕鱼等人类行为对保护区影响较大,鱼类、奶类、牛羊肉等食品安全受到威胁以及对担心下一代不能共享资源等,也对保护区美学、文化价值退化陈述较多。协商质量和地区之间的差异有较好的一致性,协商质量很好的小组与西部地区被调查者学习结果类似,如图9-3(b),都更担忧下一代是否能共享资源环境和保护区美学和文化价值退化的问题。协商质量中等和较好的小组则和南部、北部地区被调查者学习结果相似,更能深刻理解资源的重要性以及对环境更加关注。

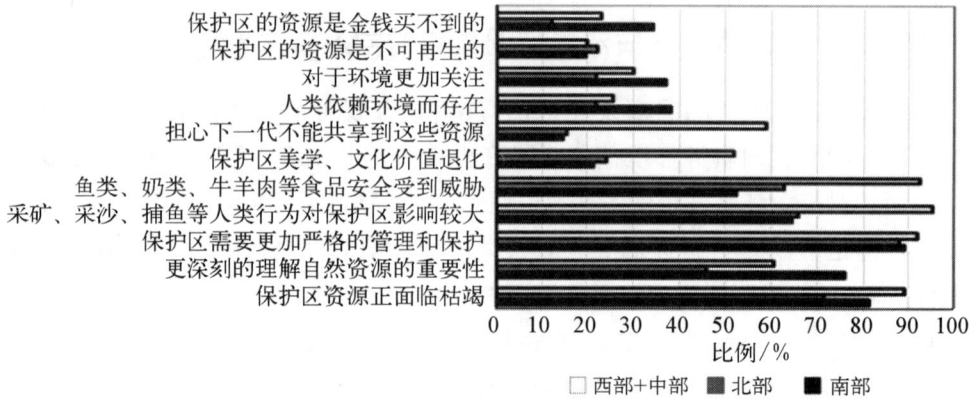

(a) 不同地区被调查者比例

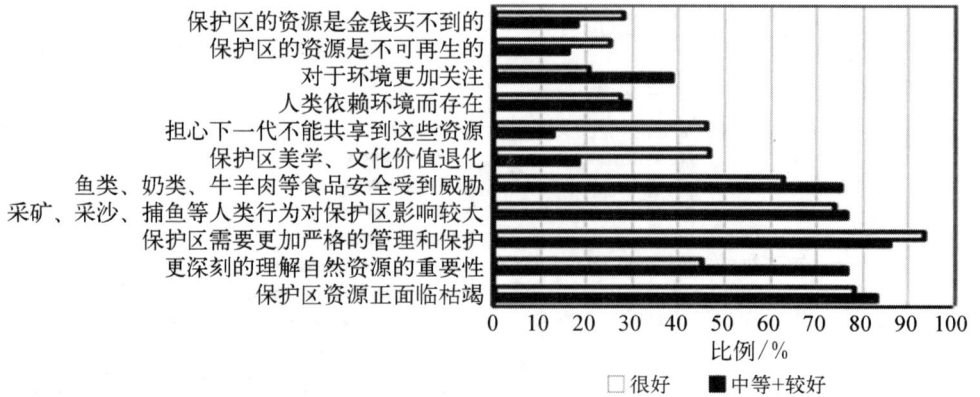

(b) 不同理解程度被调查者比例

图 9-3　不同学习结果的被调查者比例

9.4　讨　论

9.4.1　CVM 和 DMV 评估结果比较

DMV 中被调查者的平均 WTP 是 182.58 元,CVM 的评估结果为 68.55 元,支付意愿提高了 62.5%。CVM 中虽然被调查者的支付意愿较低,但是与 2012 年研究结果相比(59 元),支付意愿相对稳定,表明在既有知识结构下被调查者能够做出较为理性的选择,但由于被调查者环境资源相关知识较为匮乏,所以干预前的选择并不能够合理反映环境资源的真正价值。以小组为基础的协商式方法代替传统的个体面访式调查,将协商与社会经济和生态文化相关的干预相结合,能够使被调查者意识到更深层次的价值,理解更复杂的观点,形成对于文化生态系统服务的认同,促进被调查者超越直接的自我利益,从而更全面地揭示被调查者的支付意愿。

DMV 中,收入水平的高低以及地区差异已不能成为影响支付意愿大小的重要因素,报价值的大小对被调查者支付意愿的影响也大大降低,而协商质量则成为影响被调查者支付意愿高低的最显著因素,教育水平也成为影响被调查者支付意愿的因素之一,而在干预前教育因素对支付意愿未产生影响。表明教育水平较高的被调查者协商质量也相对较高,但协商质量并不完全取决于被调查者的教育水平,很多实践经验比较丰富的被调查者理解度同样很高。被调查者通过协商干预更加深刻地认识到资源环境的价值,如果给予被调查者更多的思考和协商时间,依赖于自然资源生存的被调查者更容易理解资源环境的价值,形成偏好和较为理性的支付意愿。但同时提出一个问题,即支付意愿法是否只有在评估被调查者赖以生存的资源环境时,才能够获得资源环境的真正价值。

9.4.2　DMV 中被调查者的学习结果

9.4.2.1　学习结果

被调查者的学习成果表明协商式评估法存在很多潜在的价值(图 9-2)。第一,被调查者更加充分地意识到资源环境的破坏会威胁日常食用的鱼类、奶类、牛羊肉等食品安全。第二,越来越多的被调查者意识到资源环境的降低会对文化产生影响,如引起社会凝聚力的丧失、导致贪婪、纠纷等社会问题。第三,越来越多的被调查者认识到采矿、采沙、捕鱼等人类行为是资源环境破坏以及各种生态环境问题产生的最主要原因。第四,被调查者认识到环境资源具有很大的存在价值,他们感悟到应该为子孙后代保存现有的资源。研究结果表明:干预可以引出被调查者更深层次的价值观念,同时能使被调查者更好地理解自然、文化资源的破坏对社会文化、经济和环境可持续发展的影响。

9.4.2.2　环境和文化关系的学习和理解

协商讨论有助于呼伦贝尔居民理解自身和环境之间的关系,以及什么样的关系能够促进更加可持续的生产生活。对于类似呼伦贝尔这样经济不太发达的,以牧业生产为主的少数民族地区,生态知识、环境管理、文化、价值和身份等要素联系更加紧密,自然资本在社会文化和生态经济功能方面发挥着更大的作用。调查结果显示了被调查者对于环境和文化关系的担忧(图 9-2)。大多数焦点小组意识到需要对保护区给予更好的管理和保护,深化了对于自然资源重要性的理解。在未干预之前,西部、中部地区和收入较高的被调查者支付意愿更高。干预后,所在地区和收入对被调查者的支付意愿都不存在显著影响。根据自然地理、景观、土地利用、植被等特征,将呼伦贝尔市划分为中部、西部、南部和北部四个部分,西部和中部地区距离达赉湖自然保护区较近,民众对于保护区的现状更加了解,和保护区的关系更加密切,由于环境资源破坏而引起的社会矛盾更加尖锐,西部、中部被调查者更能感悟保护区资源环境改变对社会和谐、社会凝聚力的影响。因此在干预前西部和中部的被调查者对保护区支付意愿更高,但在干预后,地区和收入对支付意愿都未产生显著影响,而协商质量对支付意愿具有正向的极其显著影响。表明协商一定程度上可以取代知识和经验的不足,通过协商能够提高被调查者的信息量和理解程度,提高对环境和文化关系的学习和理解,进而可以基本消除由于地区差异和经验不足而引起的对资源环境价值的不完全认识。

9.4.2.3 环境价值理论的学习

环境心理学中的环境行为价值—信念—规范理论(VBN)在发达国家已经得到广泛应用,但在我国应用较少。VBN描述了更深层次的价值(包括自利、利他和生物价值)如何转换为环境行为的过程。更深层次的价值形成生态世界观,它与行为影响意识和对环境威胁的感知能力相联系,最终指导规范和行为。本研究的学习结果充分地体现了 VBN 的应用,从更深层次的价值角度,利己主义(最好的物品赋予最高的价格)让位于更利他的担忧,比如越来越多的被调查者表达了对于下一代能否共享资源的担忧,也让位于生物价值(更加意识到人类与自然之间相关依存的关系)。从信念的角度,如意识到人类行为对于资源环境的影响,意识到资源环境破坏并不是不可避免的。从规范的角度,被调查者表达了保护区需要更好的管理和保护,表明被调查者更加重视资源环境的保护。

9.4.2.4 综合性:环境感知的学习效果

研究表明了四个学习效果:① 更深刻理解社会生态关系,如资源环境的破坏和文化之间的关系;② 意识到环境资源更深层次价值,比如希望把一个健康的环境留给孩子,或者意识到健康环境和孩子之间的关系;③ 更全面的认识资源环境的隐性价值;④ 帮助被调查者更加深刻地认识到行为结果。

9.5 小 结

本研究以达赉湖自然保护区为例,比较了协商货币评估法 DMV 和条件价值法 CVM 的评估结果,探究了协商货币评估法对被调查者环境学习结果的影响。研究结论如下。

（1）被调查者对保护区资源初始支付意愿是 68.55 元，小组协商讨论后被调查者的平均支付意愿为 182.58 元，支付意愿提高了 62.5%。表明协商货币评估法能够使被调查者意识到更深层次的价值，理解更复杂的观点，形成对文化生态系统服务的认同，促进被调查者超越直接的自我利益，从而更全面地揭示被调查者的支付意愿。

（2）以小组为基础的协商干预可促进被调查者取得更好的学习结果，协商质量很好的小组与西部地区（距离研究地更近、关系更加紧密）被调查者学习结果类似。表明协商一定程度上可以取代被调查者知识和经验的不足，提高对环境和文化关系的学习和理解，进而可以基本消除由于地区差异和经验不足而引起的对资源环境价值的不完全认识。

（3）小组协商主持人的选择以及协商干预过程的设计，对于能否更全面地使被调查者意识到资源深层次价值尤为重要。主持人的选择过程中，邀请熟悉研究地情况的当地研究者担任或辅助主持，并对主持人进行较为全面的培训。在协商干预过程中，引导被调查者将自身的价值理念与研究地的社会、生态、经济等因素结合起来，同时记录被调查者在协商干预前后心理属性的变化。这就意味着环境经济学家需要和其他领域的专家（如道德、社会心理学、政治学、人类学）合作，设计更加合理的协商干预过程，引出被调查者真正的偏好。

第 10 章　自然保护区资源
管理优化策略

10.1　达赉湖自然保护区生态
旅游资源价值提升原则

10.1.1　可持续发展原则

可持续发展是既要达到经济发展的目的又要保护好人类赖以生存的环境和资源,使人类能够得到永续和长久的发展,它是人类社会新的发展思想和发展战略。生态旅游资源是旅游业生存和发展的基础,这些资源一旦遭到破坏,旅游业就不可能得到持续地发展。因此,旅游业必须走可持续发展之路。可持续旅游的开发有很多方式,生态旅游是首选的一条有效途径。生态旅游是以可持续发展作为理论基础,是一种可持续发展的旅游,追求经济、社会和生态的平衡发展,强调人与自然的和谐发展。自然生态环境与当地文化遗产的保护被置于优于旅游资源开发的地位,不应选择那些对当地生态旅游资源破坏性大的旅游项目。开发生态旅游资源之前要先分析开发地的自然和人文资源的特点,评估旅游发展可能带来的正负面影响,进行适度开发,并制定长期管理与监测计划和措施,尽可能地降低产生的负面影响,避免对生态旅游资源的破坏性开发。

10.1.2　科学规划原则

要使生态旅游资源得到健康的发展就要对其进行科学的规划。盲目的和无系统的开发将会给生态旅游资源带来极大的损坏。在进行生态旅游规划之前,要对生态旅游资源进行分析和评价,从而制定生态旅游规划的基本原则及规划目标。生物多样性和特色鲜明的人文生态遗产是生态旅游资源的重要组成部分,具有较强的脆弱性,因此在规划中要特别注意生物多样性和人文生态遗产的保护。

10.1.3　市场导向原则

旅游者是旅游市场的主体,旅游者希望旅游资源价值能够不断得到提升。随着旅游业的发展,旅游者的需求越来越多样化,因此,保护区生态旅游资源价值的提升必须以旅游者的需求为依据,以增强旅游资源的市场竞争力实现生态旅游资源的最大价值为最终目标,根据旅游者的需求和旅游市场的空缺来挖掘并提升生态旅游资源的价值,开发受旅游者欢迎的旅游产品。

10.1.4　独特性原则

由于地理位置、气候条件、风俗习惯的不同造成旅游资源具有不同的特色,这就是生态旅游资源的独特性和地域性。因此,生态旅游资源的价值的提升必须突出资源的独特性,最大限度的突出生态旅游资源的当地特色,努力反映当地的文化特色,尽量保持资源的原始风貌。只有民族的旅游资源才是世界的旅游资源。只有挖掘出自己的特色才能适应旅游者变化的多样的旅游需求。

10.2　达赉湖自然保护区生态旅游资源价值提升路径分析

10.2.1　基于严格保护的生态旅游资源价值提升

1)完善保护管理体系和保护措施

达赉湖自然保护区的管理部门应统筹保护区的自然保护与管理,根据资源保护的需求建立管护站和检查站,实行二级管护制度,即以自然保护区管理局为决策领导机构,管护站为基层管护单元,建立覆盖保护区的资源保护网络体系,实施对资源的有效保护。同时,设立派出所,建立以公安、检查站、护林员组成的行政执法队伍,维持治安和查处保护区内的各种违法案件,为了取得更好的保护效果,根据资源的特点和分布状况,新建、完善监测站、管护站、检查站等设备、设施,建立定期的巡逻制度和不间断地瞭望监测体系。

2)制定科学、合理和规范的管理方案

在对保护区历史、现状、资源、社会经济情况进行全面系统调查的基础上,结合管护经验,编制保护管理规划,提出科学、合理、规范的管理实施方案。

3)建立健全规章制度,实行目标责任制

保护管理人员实行目标责任制,按不同的保护管理面积、资源状况、维护难易程度确定管护任务,奖罚分明,把保护管理的各项任务分解到岗,落实到人。

4)组织强有力的保护队伍,加强保护区的巡逻与管理

在达赉湖自然保护区的人为活动频繁和生态环境脆弱及野生动植物资源密集区建设管护站;在进入保护区的主要路口建检查站。健全、完善公安派出所编制和必要的设备。保护区管理局的技术人员实行定期轮换蹲点制度,及时解决管理中遇到的专业问题,同时努力改善站点的工作生活环境,稳定管理队伍。

5)加强生境管理,扩大资源总量

创造和保护野生动植物生存的适宜生境,禁止在保护区内进行非法捕捞、采集等妨碍野生动植物生息繁衍的行为,同时积极进行人工培育和驯养工作,依据生态学理论和物种生物学特性,适当地调节动植物种群和生长量,最大限度地扩大资源总量,保存生物多样性。

6)控制环境污染

在开展生态旅游时,要根据环境容量严格控制旅游人数,餐饮、住宿等旅游设施应该逐步撤出保护区,主要以游览观光为主,避免环境污染。

7)杜绝兴建带有污染和破坏资源或景观的生产设施

因保护需要而必须兴建的工程项目,先进行环境影响评价,在保护区境内和邻近区域,出现水源、空气、固体废弃物污染现象,危及保护对象和环境安全的,按照《环境保护法》的规定,及时责令污染部门限期进行治理并消除污染源,已造成损害的,必须采取补救措施。对保护区水质要进行严密监测,发现变化要及时与有关部门进行协调,并采取必要的防护措施。

8)加强科研工作的开展,促进国内、国际科研合作与交流

进一步开展与其他国家的湿地生态系统类保护区的国际合作。开展保护交流活动,研究保护与合理利用模式,力求通过多渠道、多方式提高保护与管理水平。同时,提供政策、资金、宣传等优惠条件,吸引更多的科研工作者参与科研考察、科研项目的研究。

10.2.2 基于社区参与的生态旅游资源价值提升

10.2.2.1 社区参与生态旅游的必要性和重要性

从各国生态旅游的实践来看,不论是在发达国家还是发展中国家,社区参与都是其生态旅游活动的重要内容。它们通过发展以社区为基础的生态旅游活动,调动了社区全体成员的积极性,实现了收益最大化,在发展旅游目的地社区经济、维护当地环境、保护当地文化方面都取得了良好的效果,从而证明了社区

参与生态旅游在实践上是可行的,具体说社区参与在生态旅游中效应体现在以下四个方面。

1) 社区参与可以为游客提供更真实的体验

1990 年全球可持续发展大会指出:向旅游者提供高质量的旅行经历是可持续旅游的主要目标之一。对旅游者而言,高质量可归纳为 3 类:设施的舒适性、体验的真实性和心理的满足感。其中,游客体验的真实性是生态旅游活动的本质之一。而要使旅游者欣赏到原汁原味的自然生态和民俗文化有一个基本前提,就是当地居民的服务、表演、生活、生产等活动都是出于真情的自然流露,而不是虚伪的或完全市场化的。只有让社区居民切实参与到生态旅游中来,并参加必要的行业培训,他们才会以适当的形式积极展示本地的独特文化。社区居民,尤其是一线接待人员长期与游客接触,他们最了解旅游者需求什么,因此能够有针对性地提出生态旅游项目开发与设施安排方面的合理化建议,招徕游客,从而提高经济效益。这一点对那些已经有一定生态旅游实践的地区非常适用。

2) 社区参与有效地维护了社区居民的利益主体权

社区居民作为生态旅游活动的利益主体之一,有权对生态旅游的开发与规划发表意见甚至直接参与决策。发展人类学观点认为,社区参与生态旅游的意义在于尊重旅游目的地居民的主体地位,进而获得他们全方位的支持。其中,"主人地位"主要就是指社区居民的利益主体权。社区居民作为目的地的主人,理应"在旅游规划和管理过程中占有领导地位"(Murphy,1985)。他们有权知晓生态旅游开发对本地未来一段时期内社会文化发展带来的影响,进而对是否进行生态旅游开发、开发的速度与时机,以及如何保护当地的社会文化等问题提出自己的想法和建议。

3) 社区参与进一步促进了当地社会文化资源的保护

许多旅游目的地生态旅游的成功经验都表明:社区的参与有利于增强当地居民保护和弘扬传统文化的自觉性与自信性,避免地方文化的外来强势文化的冲击下发展扭曲甚至迷失方向,实现对旅游目的地社会文化资源的保护。

社区参与是生态旅游的本质要求,没有社区参与的旅游不能称之为生态旅游,社区参与也是生态旅游能否可持续发展的重要因素之一。因此,从社区的角度来探讨生态旅游资源价值的提升可以为实现生态旅游资源的可持续发展提供有效途径,并且可以缓解自然保护区和社区在经营管理中的矛盾。

10.2.2.2　社区参与生态旅游的运行机制

社区参与生态旅游的运行机制模型如图 10-1 所示。社区参与意识和能

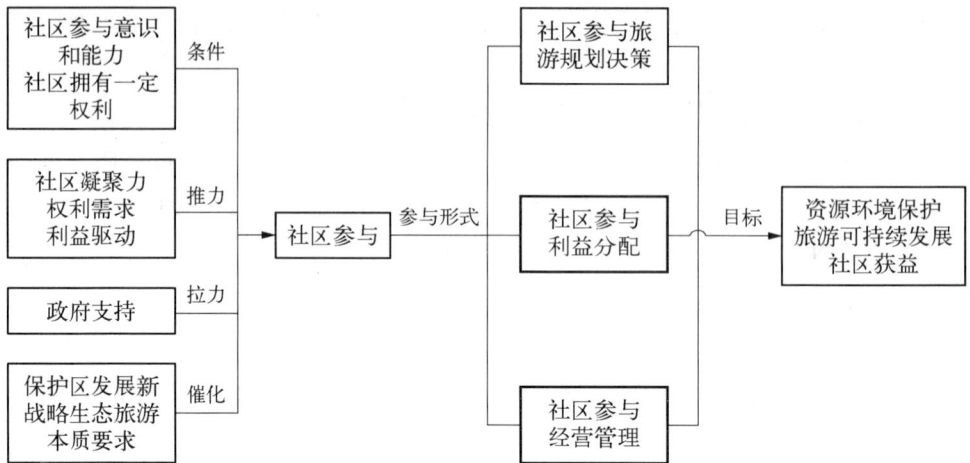

图 10-1　社区参与生态旅游的运行机制模型

力、社区拥有一定的权利是社区参与的条件。

1）社区参与意识和能力

社区参与生态旅游管理首先具备的条件就是社区居民需要有参与意识与参与能力。由于受传统文化的影响,中国的社区居民普遍对公共事务等参与能力较弱,使之成为社区层面生态旅游发展的障碍因素之一。社区参与能力是社区参与程度和效果最重要的一个因素。开展生态旅游地区大多都是较为落后的地区,社区居民受教育程度较低,综合素质不高,管理能力不强。因此,欲达到较好的社区参与效果必须对社区居民进行教育培训,使社区居民掌握一定的旅游管理和规划方面的知识,提高其经营管理能力。

2）社区拥有一定的权利

社区拥有一定的权利是社区居民参与生态旅游的保证。如果社区居民没有被赋予任何权利,社区居民的想法和意见就不会得到足够的重视,居民也不能在生态旅游的规划、开发和管理中表达自己的想法,即使表达也得不到足够的重视。

社区凝聚力、权力需求和利益驱动是社区参与的推动力。

（1）社区凝聚力:整个社区都致力于生态旅游的可持续发展,积极支持资源环境的保护和生态旅游的发展。

（2）权力需求:社区居民逐渐意识到自己应该是当地资源真正的管理者和受益者,社区的各种事务和自身利益紧密相关,对于管理权力的需求也越来越强烈。

（3）利益驱动:旅游带给社区的利益是社区参与最强的推动力。只有使社区居民在生态旅游发展中获利,社区居民才会以更加积极的姿态参与到生态旅游中来,才能使生态旅游得到长久的可持续的发展。

政府支持是社区参与的拉力。由于我国生态旅游市场还不够成熟和健全,因此政府在生态旅游业发展中扮演着主导者的角色。但随着生态旅游市场的日渐成熟,政府开始放权,积极推进社区居民的参与,给予社区居民足够的权利,并通过提供教育培训、技术、经济等各方面的支持推动社区的参与。

保护区发展新战略和生态旅游本质要求是社区参与的催化剂。① 保护区发展新战略:过去自然保护区仅仅是为了保护某种资源,几乎不对外开放,剥夺了居民对当地资源的使用权损坏了社区居民的利益。但随着自然保护区的日益发展,资金不足以及社区矛盾等问题成为困扰自然保护区发展的重要问题。因此,自然保护区改变了从前的发展战略,在保护的前提下发展生态旅游,让社区居民充分参与到生态旅游中来,缓和了与社区的矛盾,达到了和谐发展。② 生态旅游本质要求:生态旅游的概念和内涵都强调了社区参与的重要性,没有社区参与的生态旅游是不可能得到持续发展的,也不能称之为生态旅游。因此,社区参与是生态旅游的本质要求。

10.2.2.3　社区参与生态旅游的形式

1) 参与生态旅游规划决策模式

社区参与生态旅游规划和决策包括两种形式:一是由政府起主导作用,聘请专业的规划人员,充分倾听并考虑社区居民的意见想法;二是以社区居民为主体,由居民互相商议,进行论证并与政府和专家进行讨论。

由于达赉湖自然保护区社区居民的综合素质不高,技术水平和能力方面的限制,社区居民的参与形式还是需要采取以政府为主导,聘请专业的规划人员对生态旅游开发进行规划,但在规划决策中要以社区居民的利益为重,倾听社区居民的意见和想法,做到社区居民的真正参与。

2) 参与生态旅游利益分配模式

生态旅游的发展必须保证社区能够分配到发展旅游而带来的利益(图10-2),居民不仅可以通过参与住宿、餐饮等实业经营途径直接分配利益,而且部分直接或间接参与生态旅游的居民也可以通过社区福利等形式分配生态旅游所带来的利益。由于旅游的发展会对当地的资源和环境产生较大的影响,而居民是这种影响的直接承担者,所以应该对此给予一定的生态补偿,可以针对居民个人进行生态补偿也可以对社区的公共事业部门进行补偿,用于道路、通信、环境卫生等公共基础设施的建设和维护等。

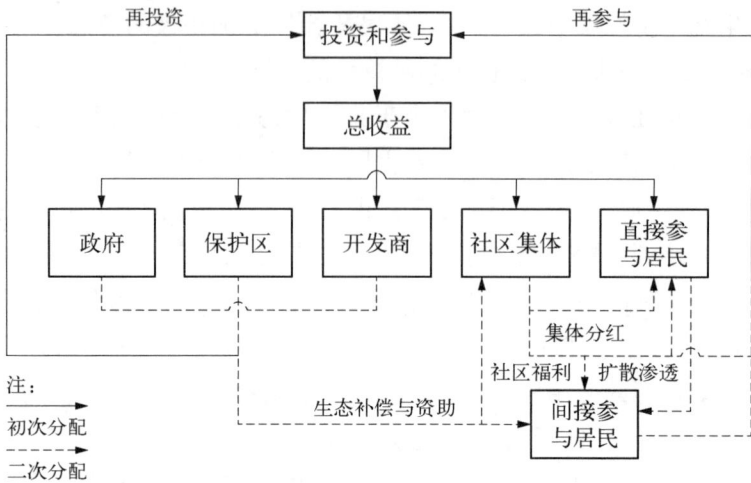

图 10-2　生态旅游利益分配模式(侯宝林,2007)

达赉湖自然保护区的社区居民参与旅游的范围较窄,由于政府没有具体的保障措施,只有少数人或者少数部门能参与利益分配,而大多数社区居民只能承担旅游发展的成本,如环境、资源等成本。

3) 社区参与生态旅游经营管理模式

目前,社区参与生态旅游经营管理的模式主要包括:外来公司制的独立经营模式;社区自主经营模式;保护区经营社区参与模式;外来公司和社区合作模式。

各种经营管理模式有各自的优缺点。外来公司制的独立经营模式是目前大多数保护区采用的经营管理模式。外来的公司一般具有较强的资金实力,能够为政府创收。但是公司制的独立经营常常忽略社区的利益和当地的环境保护而一味地追求经济收益,对当地资源进行掠夺性开发。社区居民失去了对当地资源的使用权但并未得到相应的利益补偿,容易激化社区和公司矛盾。

社区自主经营管理模式一般适用于生态旅游发展的初期阶段。这种经营管理模式是最符合生态旅游本质的模式,能充分体现社区居民的利益,使社区居民达到完全的参与,使旅游者能够体验到当地原汁原味的文化。但是受社区人才、资金和技术水平的限制,难以形成优良的生态旅游经营管理模式,容易造成生态旅游经营管理的失败。

保护区经营,社区参与模式:保护区管理局不仅承担保护区内资源的责任,而且还利用其自身资源优势承担对保护区生态旅游的管理和经营。由于管理局一般能够认识到社区和保护区之间的紧密关系,因此相比外来公司,会更加注重社区居民的利益。所获得的旅游收益可用于保护和社区发展两个方面,是比较理想的经营管理模式。但是达赉湖自然保护区管理局人员配备少,难以承担起资源保护和旅游发展双方面的责任。而且这种模式容易导致在经济利益的驱使下而忽视对资源的保护。

外来公司和社区合作模式:外来公司作为经营管理的主体,社区自主经营并与公司进行合作。社区作为一个较具吸引力的人文生态旅游资源能够吸引大量的生态旅游者,可以丰富旅游者的旅游线路增加其旅游体验。

达赉湖自然保护区目前采取的经营模式是外来公司独立经营模式,可以利用企业的优势化解自主经营的风险,为政府创造税收。但是在企业进行经营转让过程中旅游资源价值被严重低估,企业以较低的价格获得旅游资源较长时间的经营权和管理权。企业所获得的大部分利润留在企业内部,没有承担发展和补偿社区居民的责任和义务。在其经营期间对生态旅游资源进行掠夺性开发,忽视旅游资源的保护。旅游公司往往引进外来的旅游专业从业人员,与社区居民的就业竞争加剧。社区从生态旅游中获得的利益极少,引起社区的抵触情绪,加剧了社区和居民的对立。因此达赉湖保护区应采取外来公司和社区合作的经营管理模式,在经营中应更加注重社区居民的参与,可以通过建立以社区居民为主体的旅游管理委员会,实行委员会负责制,赋予社区居民足够的权利,使居民参与生态旅游的经营与管理。充分挖掘社区的文化生态旅游资源潜力,形成社区的独特吸引力,使社区成为旅游者的主要的旅游目的地之一,丰富旅游者的旅游经历。

10.2.3　基于生态安全的生态旅游资源价值提升

生态安全主要包括自然生态安全和人类生态安全。自然生态安全主要指自然生物以及各个层次的生态安全,主要包括群落、生态系统、海洋、陆地等方面的生态安全。人类生态安全主要指由于环境污染等生态环境问题而使人类的生存和发展受到的影响。生态安全已经成为公认的经济伦理规范,是人类对越来越严重的人口、资源和环境等矛盾进行认真反思后做出的理性反应和抉择。生态安全概念的提出表明人们把自然界当成是无限和无偿提供资源的传统观念的改变。

由于人类对资源环境的过度利用以及自然灾害等原因,达赉湖自然保护区已经出现了湖水减少、水位下降等一系列生态安全问题。生态旅游是以资源环境保护为首要目的的旅游,任何破坏资源,影响生态系统健康的开发和经营管理都是不被允许的。因此,在提升生态旅游资源价值的同时要对保护区的生态安全状况进行研究,建立完善的生态安全评价体系,实现保护区生态旅游资源的可持续发展。达赉湖自然保护区生态安全评价步骤如下。

1)构建生态安全评价指标

"压力—状态—响应模型"是研究最早也是较为成熟的一种框架体系(图10-3)。该模型最初是由加拿大统计学家安史尼·弗雷德于1970年提出的,20世纪80年代末期,经济合作与开发组织和联合国环境规划署进一步完善并推广该体系框架。"压力—状态—响应"框架反映了人类活动与环境反馈之间的关系。首先人类活动对周围产生影响,加大环境负荷;然后,就必须对影响后的环境质量或环境状况处于一个什么样的情况进行衡量;最后,人类社会意识到环境问题而利用各种手段或措施来改善环境状况。PSR模型的系统性比较强,它对人类与整个环境系统之间相关作用的影响都有所考虑。后来又由PSR框架逐步扩展完善开发出了"驱动力—状态—响应框架"(DSP)及"驱动力—压力—状态—影响—响应"框架(DPSIR)。

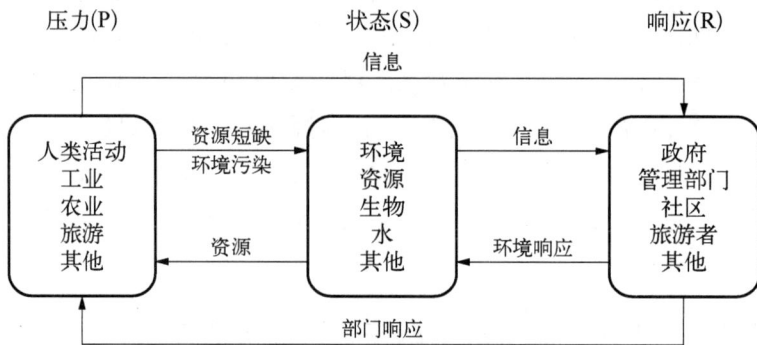

图10-3 压力—状态—响应模型

"压力—状态—响应"模型也存在某些不足之处,由于指标数目众多,指标间容易产生重叠,最初列出的指标要用主成分分析法、专家咨询法等方法进行筛选,增加了计算的难度。PRR模型从各个方面逐层分析,详细划分出一百多项指标,其层次比较清晰,系统性好,但是指标数量相对较多,从而加大了数据收集的工作量,指标权重等计算量也随之增加。

本研究根据压力—状态—响应模型(P-S-P)(图10-3),通过对达赉湖自然保护区生态环境和生态安全系统的分析,构建了18个生态安全评价指标。其中生态安全压力指标7个,生态安全状态指标6个,生态安全响应指标5个,如表10-1所示。

表 10 - 1　保护区生态安全评价标准

目标层	系统层	指标层	5	4	3	2	1
生态安全	生态安全压力指标	生态旅游人数（人/km²）	30	60	100	120	180
		自然灾害频度	几乎不发生	极偶尔发生	偶尔发生	不经常发生	经常发生
		湿地资源开发率	<5%	5%～10%	10%～15%	15%～20%	>20%
		干旱比例	<8%	8%～17%	17%～25%	25%～33%	>33%
		人口密度（人/km²）	0	0～10	10～20	20～30	>30
		公路密度（km/km²）	0	0.5	1	1.5	2
		保护区建筑用地开发指数	<5%	5%～10%	10%～15%	15%～20%	>20%
	生态安全状态指标	景观破碎度	0～0.2	0.2～0.4	0.4～0.6	0.6～0.8	0.8～1
		物种多样性指数	>40%	30%～40%	20%～30%	10%～20%	<10%
		大气污染指数	优于一级	一级	二级	三级	劣于三级
		水质污染指数	一级	二级	三级	四级	五级
		土壤污染指数	优于一级	一级	二级	三级	劣于三级
		保护区受胁状况	无围垦、割草放牧、渔猎、投毒	适度渔猎，割草，无围垦、放牧、投毒	过度放牧、渔猎、割草	割草、渔猎强度大，放牧、围垦、捡鸟蛋现象严重	过度割草、围垦、放牧、渔猎、捡鸟蛋、有投毒现象
		废水处理指数	>90%	80%～90%	70%～80%	60%～70%	<60%

目标层	系统层	指标层	5	4	3	2	1
生态安全	生态安全响应指标	水产品生产功能	生产量增加率>10%	生产量增加量>5%	生产量增加量<5%	生产量减少量<5%	生产量减少量>5%
		保护区管理水平	管理机构合理,人员素质高,经常性接受各种培训	管理机构较合理,人员素质较高,定期接受各种培训	有相应的管理机构,但管理机构缺乏必要的培训	人员素质不高,管理不善	管理落后,水平低下或没有完整的管理机构
		社区居民受教育水平	高中或以上学历大于30%	高中或以上学历20%～30%	高中或以上学历10%～20%	高中或以上学历5%～10%	高中或以上学历小于5%
		保护区环境保护投资	>50%	30%～50%	20%～30%	10%～20%	<10%

（1）压力指标具体如下。

生态旅游人数：单位面积每天的生态旅游人数,人/km²。

湿地资源开发率：每年开发的湿地资源占保护区总湿地资源的百分比。

自然灾害频度：以定性描述为主。

干旱比例：干旱天数占整年的百分比。

人口密度：单位面积的人口数量,人/hm²。

公路密度：保护区单位面积的公路里程数,km/km²。

保护区建筑用地开发指数：保护区建筑用地面积占保护区总面积的比例。

（2）状态指标具体如下。

物种多样性指数：保护区湿地动植物种类占所在生物区湿地动植物种类的百分比。

景观破碎度：景观破碎度计算公式：

$$F = \sum_{i=1}^{t} n_i \Big/ A \qquad (10-1)$$

式中,A 是景观的总面积;n_i 是第 i 类景观的总斑块数量;t 是景观类型数;F 是破碎度。

大气、水质和土壤污染指数参照国家标准。

保护区受胁状况：以定性描述为主。

（3）响应指标具体如下。

污水治理率：保护区的污水处理能力来表示。

水产品生产功能：每年水产品产量的增加率。

保护区管理水平：主要以定性描述为主。

社区居民受教育程度：高中或以上学历的居民占所有居民的百分比。

保护区环境保护投资：环境保护投资占保护区全部支出的百分比。

2）通过层次分析法确定各评价指标的权重

层次分析法是一种定量分析和定性分析相结合的分析决策方法。基本原理是将要评价的系统的各要素分为若干层，并以同一层次的各种要素按照上一层要素为准则，进行两两判断比较并计算出各要素的权重（表 10 - 2），根据综合权重按最大权重原则确定最优方案。各指标权重计算结果见表 10 - 3。

表 10 - 2　重要性标度含义表

分　数	两元素比较结果
1	表示两个元素相比，重要性相同
3	表示两个元素相比，一个比另一个稍微重要
5	表示两个元素相比，一个比另一个明显重要
7	表示两个元素相比，一个比另一个强烈重要
9	表示两个元素相比，一个比另一个极端重要
2、4、6、8	表示上述判断的中间值
倒数	若元素 i 与元素 j 的重要性之比为 aij，则元素 j 与元素 i 的重要性之比为 aji＝1/aij

表 10 - 3　各评价指标权重

目标层	系统层	指　标　层	权　重
生态安全	生态安全压力指标	生态旅游人数（人/km²）	0.034 7
		自然灾害频度	0.195 7
		湿地资源开发率	0.212 8
		干旱比例	0.081 8
		人口密度（人/km²）	0.066 1
		公路密度（km/km²）	0.044 4
		区域开发指数	0.105 6

续　表

目标层	系统层	指　标　层	权　重
生态安全	生态安全状态指标	景观破碎度	0.028 2
		物种多样性指数	0.019 6
		大气污染指数	0.012 6
		水质污染指数	0.033 9
		土壤污染指数	0.013 8
		保护区受胁状况	0.077 6
	生态安全响应指标	废水处理指数	0.005 5
		水产品生产功能	0.012 1
		保护区管理水平	0.020 9
		社区居民受教育水平	0.004 8
		保护区环境保护投资	0.029 9

3) 确定保护区的生态安全度

根据以下公式计算保护区的生态安全度：

$$E = W_i \times S_i \qquad (10-2)$$

式中 E 是保护区的生态安全度；W_i 是每个评价指标的权重；S_i 是每个评价指标的得分。根据评价标准(表 5-7)，采用李克特五级量表对每个评价指标进行打分。根据公式 10-2 和表 10-4，达赉湖自然保护区生态安全得分为 3.28 分。

表 10-4　保护区生态安全评价结果

系统层	指　标　层	权　重	得　分
生态安全压力指标	生态旅游人数(人/km²)	0.034 7	5
	自然灾害频度	0.195 7	3
	湿地资源开发率	0.212 8	3
	干旱比例	0.081 8	1
	人口密度(人/hm²)	0.066 1	4
	公路密度(km/km²)	0.044 4	4
	区域开发指数	0.105 6	5

续　表

系 统 层	指 标 层	权 重	得 分
生态安全 状态指标	景观破碎度	0.028 2	4
	物种多样性指数	0.019 6	5
	大气污染指数	0.012 6	4
	水质污染指数	0.033 9	4
	土壤污染指数	0.013 8	4
	保护区受胁状况	0.077 6	3
生态安全 响应指标	废水处理指数	0.005 5	3
	水产品生产功能	0.012 1	1
	保护区管理水平	0.020 9	3
	社区居民受教育水平	0.004 8	3
	保护区环境保护投资	0.029 9	4

根据得分,把保护区的生态安全状态划分为 5 个等级,不安全,较不安全、预警、较安全、安全五个等级。各等级的安全度和分数对应结果以及各等级的状态描述见表 10 - 5。根据表 10 - 5,达赉湖自然保护区的生态安全处于较安全状态。

表 10 - 5　生态安全等级划分

等　级	生态安全度	状　态　描　述
0~1	不安全	生态环境严重破坏,生态系统服务功能崩溃,生态系统恢复与重建很困难,生态灾害频繁发生
1~2	较不安全	生态环境破坏较严重,生态系统服务功能退化严重,生态恢复与重建困难,生态灾害较多
2~3	预警	生态环境遭到一定破坏,生态系统功能出现退化,生态系统恢复与重建有一定困难,生态灾害时有发生
3~4	较安全	生态环境破坏较少,生态系统服务功能较完善,生态恢复与重建较容易,生态灾害不常出现
4~5	安全	生态环境未受到干扰破坏,生态系统服务功能完善,生态恢复与重建能力强,生态灾害少

10.2.4 基于营销理念的生态旅游资源价值提升

生态旅游市场营销是指为了实现景区可持续发展的经营目标和满足旅游者对生态旅游产品的需求,对生态旅游资源进行可持续开发,并将开发出的产品进行定价、促销和分销的全过程。

10.2.4.1 生态旅游市场营销特点

相比大众旅游市场营销,生态旅游市场营销有自己独特的特点。

1) 生态性

生态旅游市场营销始终以环境和资源保护为前提,以绿色营销为理念,从产品开发到产品定价,从目标市场选择到产品促销和分销渠道等都需考虑到绿色和环保,都贯穿着生态理念。

2) 文化性

文化是旅游的灵魂,生态旅游更是以生态文化为其主要特色。因此,生态旅游市场营销也具有文化性特点。它主要体现在产品开发设计需要生态文化内涵丰富,生态旅游者的文化品位高等方面。

3) 限量性

生态旅游区别于大众旅游的一大特点就是有利于资源和环境的保护,它强调在体验自然的同时要对保护自然做出贡献。因此,最大限度地增加游客数量并不是生态旅游市场营销的目标,也就是说,生态旅游市场营销具有限量性的特点。既要充分利用资源,产生最大的经济效益,又不能过度营销产生副作用。生态旅游市场营销的限量性问题在旅游旺季更为突出,也更为重要。

10.2.4.2 生态旅游市场营销策略

根据生态旅游市场营销的特点,制定与之相适应的生态旅游市场营销策略。

1) 树立鲜明的生态旅游目的地形象,实施绿色市场营销策略

旅游目的地形象定位就是使旅游目的地在游客心中形成鲜明而强烈的感知形象。旅游形象定位是旅游形象设计和营销的前提。达赉湖自然保护区应该树立鲜明的生态旅游目的地形象,以广阔的湿地及草原景观,以及丰富的生物多样性吸引游客。

生态旅游市场营销应以环境资源保护和可持续发展为前提,制定绿色市场营销策略。首先,从产品的设计、产品的定价到产品的促销等各个领域体现绿色营销的理念。其次,应该测算保护区最大环境承载力,在保护区资源环境承受范围之内进行营销,无限制地扩大游客数量并不是生态旅游市场营销的目的。

2) 借助特色品牌,进行区域联合营销

从游客了解达赉湖自然保护区的信息来源渠道可以看出,54.4％的被调查者是首先确定呼伦贝尔为其主要旅游目的地,在呼伦贝尔旅游线路选取时选择了达赉湖自然保护区作为其旅游目的地之一。因此,在对保护区的营销中应借助呼伦贝尔草原的知名度,进行区域联合营销。推出精品旅游线路,与周边旅游景点串联,使达赉湖自然保护区成为精品旅游线路中必不可少的一个生态旅游目的地。达赉湖自然保护区所在地呼伦贝尔以其广袤的草原、良好的生态环境为世人所知,呼伦贝尔草原在国内外享受很高的知名度,而达赉湖自然保护区是呼伦贝尔最大的湿地类自然保护区,也是很多旅游者的主要旅游目的地之一。因此,达赉湖自然保护区应借呼伦贝尔草原的知名度,大力加强与呼伦贝尔其他旅游产品及旅游线路的整合,与其他旅游景点串联成新型的、特色鲜明的旅游线路,推向市场。

3) 建立起与客源地旅游企业的经营网络,建立起紧密的经济利益共同体关系

54.4％的游客是通过客源地旅行社的宣传资料了解的达赉湖自然保护区,表明客源地旅游企业是达赉湖自然保护区主要的市场营销渠道。因此,保护区应与客源地旅游企业建立紧密的经济共同体的关系,形成合理的激励机制,进行利益分成。

4) 精心细分市场,开拓重点市场

达赉湖自然保护区以国内游客为主,且游客分布空间较为分散。一级客源市场主要集中在北京、上海、浙江、广东等经济发达地区和黑龙江、辽宁等距离较近地区。因此要对这些客源市场进行重点宣传。与重点客源市场的旅游企业建立紧密的合作关系,同时依托电视台、报纸等进行旅游宣传。在重点旅游客源地开展"达赉湖湿地旅游节","湿地旅游,候鸟故乡"等节庆活动,同时积极促进二级市场向一级市场的转变。

10.2.5　基于体验经济的生态旅游资源价值提升

1999 年,美国经济学家 B·约瑟夫·派恩提出人类进入体验经济时代,在体验经济时代下,旅游需求发生了新的变化。从消费的内容看,游客对个性化的产品和服务更加青睐;从旅游消费结构看,产品中情感要素的比重逐渐增加;从追求的价值目标看,游客更注重接受产品时的感受而不是产品本身;从旅游体验看,游客从单一体验发展为综合体验。

通过为旅游者提供一种让旅游者身在其中并难以忘怀的体验来增加旅游资源的使用价值。根据旅游者心理需求层次与经济时代的对应关系角度来看（图10-4），增加体验价值才能满足旅游者的心理需求，使旅游者真正的体验到湿地旅游资源的景观美、生态美和文化美。因此，要增加达赉湖自然保护区的体验价值就应该开发互动性强、烙印性深、增值性高的旅游产品。

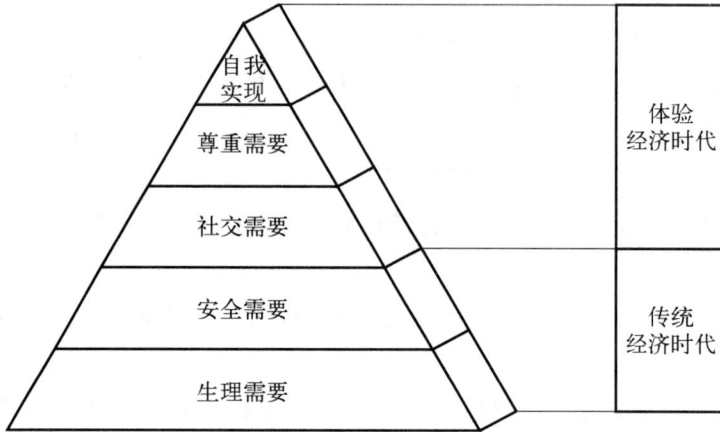

图10-4　心理需求层次与经济的对应关系

1）水鸟观赏科普旅游产品

开发观鸟等游客参与性强的旅游产品。在不影响鸟类栖息地而且不打扰其生存及活动的前提下，划定观鸟线路和范围，建立观鸟台，允许游客利用器材观赏鸟类。还可针对学生开展夏令营活动，聘请专家开展鸟类知识讲座。为了扩大观鸟产品的影响力，吸引更多的旅游者进行观鸟旅游，应定期举办观鸟大赛，吸引更多的潜在观鸟游客的关注。

2）垂钓旅游产品

达赉湖具有可供垂钓的丰富的鱼类旅游资源，目前，只有一些垂钓爱好者自发组织进行垂钓，但这种小而散的组织方式对资源利用率不高，因此应该开展更多的垂钓旅游产品。建立设施设备健全的垂钓俱乐部，配备垂钓教练，设置钓鱼台、钓鱼位，定期举办钓鱼擂台赛。还可以利用渔船开展垂钓，在湖中享受垂钓的乐趣。

3）"当一天渔民"旅游产品

达赉湖渔业发展历史悠久，渔船设施完善，渔民捕鱼经验丰富，可以推出"当一天渔民"旅游产品，让旅游者体验渔民的打捞生活，享受自己打捞的各种鱼类产品。

4）开发文化旅游产品

达赉湖自然保护区生态旅游资源开发应依托蒙古族的草原文化,将湿地生态观光与草原文化体验项目的开发有机结合起来。开发文化旅游产品,如音乐舞蹈表演和游艺竞技等,引导游客积极参与,使游客真正的体会到真实的民俗风情。

10.3 小 结

本章在评估达赉湖自然保护区的生态旅游资源使用价值和非使用价值的基础上,探讨了保护区生态旅游资源价值的提升路径,从严格保护、社区参与、生态安全、营销理念、体验经济五个角度分析了生态旅游资源价值提升的路径。

附　录

附录1　居民调查表

第一部分

您好！我们呼伦湖自然保护区管理与保护课题组，正在做有关呼伦湖自然保护区生态旅游资源价值评估的论文。这是一份有关呼伦湖自然保护区的调查问卷，想请教您关于呼伦湖自然保护区的一些看法，请您抽出一点时间完成这份问卷，为我们提供参考。

呼伦湖保护区简介：呼伦湖国家级自然保护区（又称达赉湖自然保护区）位于内蒙古自治区东北部，保护区内拥有中国第五大湖—呼伦湖，面积为 2 339 平方公里。1992 年保护区晋升为国家级自然保护区，2002 年加入了国际重要湿地，并被联合国教科文组织纳入世界生物圈保护区网络。保护区内有植物 653 种，鱼类 33 种，鸟类 241 种，兽类 35 种，特别是珍稀濒危动物有 55 种。呼伦湖自然保护区内的湿地及草原不仅是众多野生动物栖息、繁殖的优良场所，也是东北亚-澳洲水鸟迁徙的主要通道和驿站。广阔的湿地和草原，在调节气候，涵养水源，防止荒漠化等方面起到至关重要的作用。呼伦湖、呼伦贝尔草原、大兴安岭森林生态系统构成了北方乃至全国的生态屏障。

第二部分

1. 您是否去过达赉湖自然保护区？　　□去过　　　□没去过

2. 是否认为对达赉湖自然保护区资源的开发利用会对保护区生态旅游资源产生影响？　　□有影响　　　□没影响

3. 在您同意的空白处划√。

问　　题	非常同意	同意	中立	不同意	非常不同意
1. 如果人类违背自然规律必定产生灾难性后果					
2. 人类为了生存，必须与自然和谐相处					

问　题	非常同意	同意	中立	不同意	非常不同意
3. 自然的平衡是非常脆弱的,很容易被打乱					
4. 人类凌驾于所有自然存在物之上					
5. 动植物存在的首要价值是被人类利用					
6. 人类有权改变自然环境以适应人类的需要					

第三部分

4. 资源的无序开发和利用已经对达赉湖自然保护区生态旅游资源造成了很大的影响,为保护达赉湖生态旅游资源,您是否愿意每年为其捐赠_____元?

　　　　　　　　□是　　　　　　　□否

您的收入是有限的,您还有很多其他的需求需要满足,请合理支配您的收入

(如果回答"是"请继续回答第四部分,如果回答"否"请跳至回答第五部分)

第四部分

5. 如果您愿意为保护达赉湖自然保护区的生态旅游资源进行捐款,请写下您的姓名、住址、联系方式,并提供一个您比较信任的环境保护组织的名字,此组织将与您联系商量捐款事宜。

　　姓名:_____

　　住址:_____

　　联系方式:_____

　　您选择的环境组织名称是_____(可自己填写也可从以下选项进行选择)

　　□中国环境保护基金会　　　□绿眼睛环境组织　　　□自然之友

第五部分

6. 您的年龄:□18~30 岁　　□31~50 岁　　□50 岁以上

7. 您的性别:□男　　□女

8. 您的月收入:□低于 1 000　　□1 001~2 000　　□2 001~3 000

　　　　　　　□3 001~4 000　□4 001~5 000　□高于 5 000

9. 您的学历:□专科或以上　　□高中或以下

10. 您的职业:□农民　　□工人　　□教师　　□普通职员

　　　　　　　□公务员　　□牧民　　□个体　　□其他人员

附录2　游人调查表一(正式调查)

第一部分

尊敬的游人:

您好! 我们呼伦湖自然保护区管理与保护课题组,正在做有关呼伦湖自然保护区生态旅游资源价值评估的论文。这是一份有关呼伦湖自然保护区的调查问卷,想请教您关于呼伦湖自然保护区的一些看法,请您抽出一点时间完成这份问卷,为我们提供参考。本问卷采取不记名方式进行处理,其结果仅用于学术研究,不会透露个人隐私,请放心回答。谢谢您的支持和合作。

呼伦湖保护区简介:呼伦湖国家级自然保护区(又称达赉湖自然保护区)位于内蒙古自治区东北部,保护区内拥有中国第五大湖—呼伦湖,面积为 2 339 平方公里。1992 年保护区晋升为国家级自然保护区,2002 年加入了"国际重要湿地",并被联合国教科文组织纳入世界生物圈保护区网络。保护区内有植物 653 种,鱼类 33 种,鸟类 241 种,兽类 35 种,特别是珍稀濒危动物有 55 种。呼伦湖自然保护区内的湿地及草原不仅是众多野生动物栖息、繁殖的优良场所,也是东北亚-澳洲水鸟迁徙的主要通道和驿站。广阔的湿地和草原,在调节气候,涵养水源,防止荒漠化等方面起到至关重要的作用。呼伦湖、呼伦贝尔草原、大兴安岭森林生态系统构成了北方乃至全国的生态屏障。

第二部分

1. 您的出游形式：□团队旅游　　　□自助旅游

2. 请问您在呼伦湖自然保护区停留多长时间?

　　　　　　　□大于 6 小时　　　□小于或等于 6 小时

3. 请问您是否是第一次游览呼伦湖自然保护区?　　□是　　　　□否

4. 请问您是通过什么途径了解呼伦湖自然保护区的?

□网络　　　　　　　　□电视　　　　　　　　□报纸、图书或杂志

□亲朋好友的介绍　　　□旅行社的宣传资料　　□其他途径

5. 呼伦湖自然保护区是否是您此行的主要目的地?　　□是　　　　□否

6. 请问您认为呼伦湖自然保护区生态旅游资源保护状况如何?

□很好　　　□一般　　　□不好

7. 请您对保护区各要素进行打分,在相应空格内划"√",评分范围 1～5 分,1 分为最差,5 分为最好。

要　　素	5	4	3	2	1
景观美感					
动植物丰富度					
湖水干净度					
拥挤度					
沙滩干净度					
娱乐设施					
环境卫生					
可进入性					

8. 请您对保护区各要素的重要性进行评价,在相应的空格内划"√"。

要　　素	很重要	重　　要	有些重要	不重要
景观美感				
动植物丰富度				
湖水干净度				
拥挤度				
沙滩干净度				
娱乐设施				
环境卫生				
可进入性				

第三部分

近些年来由于自然原因及人为干扰,呼伦湖保护区已出现各种生态环境问题,生物多样性出现下降趋势,保护区准备提高门票筹集保护基金来保护区内的生态环境和生物多样性。

9. 请问,为了保护区内的环境及生物多样性,您是否能够接受提高门票?

□是　　　　□否

(选"是"的继续回答第 10 题不需回答第 11 题,选"否"的请跳至回答第 11 题)

10. 请问,如果门票提高到_____元,您是否能够接受?

□是　　　　□否

11. 您不愿意出资保护的原因是：

☐是政府的职责　　　　　　☐应该由环境破坏者支付

☐家庭困难,无力承担　　　　☐我已经交了很多税

☐我不会支付,因为对于短途旅游者来说门票太高

☐不相信这部分资金会被用于生态环境和生物多样性保护

☐对此项调查没兴趣

12. 请问,保护区目前生态旅游资源开发状况较差,保护区将对生态旅游资源进行深度开发,当您再来重游的时候,您将能看到更多的野生动植物并获得更多地接触当地文化的机会,届时门票会有所提高,您是否能够接受?

☐是　　　　☐否

(选"是"的继续回答第 13 题不需回答第 14 题,选"否"的请跳至回答第 14 题)

13. 请问,如果门票提高到_____RMB,您是否能够接受?

☐是　　　　☐否

您的收入是有限的,您还有很多其他的需求需要满足,请合理支配您的收入

14. 您不愿意接受的原因是：

☐开不开发无所谓

☐我不会支付,因为对于短途旅游者来说门票太高

☐我对保护区生态旅游资源目前的状况已经较为满意

☐不相信此次生态旅游资源开发能达到预期的效果

☐对此项调查没兴趣

第四部分

15. 您是否相信身边的大多数人?　　　☐是　☐否

16. 您是否相信保护区的管理部门?　　　☐是　☐否

17. 在阅读此调查问卷之前,您是否意识到您所游览的地方是保护区而不是一般的旅游景区?　　　　　　　　　☐是　☐否

第五部分

18. 您的性别：☐男　　　　☐女

19. 您的年龄：☐18～30 岁　　☐31～50 岁　　　☐50 岁以上

20. 您的个人月收入：☐低于 1 000　　☐1 001～2 000　　☐2 001～3 000
　　　　　　　　　　☐3 001～5 000　　☐5 001～10 000　　☐高于 10 000

21. 受教育程度：☐硕士及以上　☐本科　　☐专科
　　　　　　　　☐高中　　　　☐初中　　☐小学以下

22. 家庭状况：□单身　　　□两口之家　　　□三口之家
　　　　　　　□四口之家或更多

23. 您来自的省份_____

附录3　游人调查表二

第一部分

尊敬的游人：

您好！我们呼伦湖自然保护区管理与保护课题组，正在做有关呼伦湖自然保护区生态旅游资源价值评估的论文。这是一份有关呼伦湖自然保护区（达赉湖自然保护区）的调查问卷，想请教您关于呼伦湖自然保护区的一些看法，请您抽出一点时间完成这份问卷，为我们提供参考。本问卷采取不记名方式进行处理，其结果仅用于学术研究，不会透露个人隐私，请放心回答。谢谢您的支持和合作。

第二部分

1. 您的出游形式：

□团队旅游　　　□自助旅游

2. 您是直接到达的呼伦贝尔还是在其他城市中转：

□直接到达　　　□其他城市中转

如果您是直接到达呼伦贝尔，请直接回答第6题。

3. 如果是经过其他城市的中转，请问您是在哪个城市进行的中转_____

4. 您在中转城市停留了几天：

□少于或等于24　　□二天　　　□三天
□四天　　　　　　□五天或以上

5. 您到达中转城市乘坐的交通工具是：

□飞机　　　　□火车　　　□自驾车　　　□汽车

6. 您到达呼伦贝尔乘坐的交通工具是：

□飞机　　　　□火车　　　□自驾车　　　□汽车

7. 您在呼伦湖自然保护区的自助费用大约是多少？_____

8. 您在呼伦贝尔（包括阿尔山）停留几天：

□一天　　　□二天　　　□三天　　　□四天
□五天　　　□六天　　　□七天　　　□八天

9. 在呼伦贝尔（包括阿尔山）除呼伦湖外您还游览哪些景区？

□满洲里国门 □呼和诺尔景区

□莫尔道嘎国家森林公园 □室韦

□阿尔山国家森林公园 □鄂温克博物馆

□巴彦呼硕景区 □海拉尔北山日军要塞遗址

□海拉尔樟子松森林公园 □满洲里套娃广场 □甘珠尔庙

□诺门罕战争博物馆 □金帐汗景区 □额尔古纳

□铁木真巴尔虎景区 □海拉尔国家森林公园

10. 请问您是否是第一次来呼伦湖自然保护区?

□是 □否

11. 请问您在呼伦湖自然保护区停留多长时间?

□大于 6 小时 □小于或等于 6 小时

12. 请问您是通过什么途径了解呼伦湖自然保护区的?

□网络 □电视 □报纸、图书或杂志

□亲朋好友的介绍 □旅行社的宣传资料 □其他途径

13. 请您对保护区各要素进行打分,在相应空格内划"√",评分范围 1～5分,1 分为最差,5 分为最好。

要　素	5	4	3	2	1
景观美感					
动植物丰富度					
湖水干净度					
拥挤度					
沙滩干净度					
娱乐设施					
环境卫生					
可进入性					

14. 请您对保护区各要素的重要性进行评价,在相应的空格内划"√"。

要　素	很重要	重　要	有些重要	不重要
景观美感				
动植物丰富度				

要　　素	很重要	重　要	有些重要	不重要
湖水干净度				
拥挤度				
沙滩干净度				
娱乐设施				
环境卫生				
可进入性				

15. 在您游览呼伦贝尔所得到的所有休闲娱乐价值中,您认为呼伦湖自然保护区带给您的休闲娱乐价值占总体价值的多大比重?＿＿＿＿＿(如 3％,5％,10％等)

第三部分

16. 您的年龄:□18～30 岁　　□31～50 岁　　□50 岁以上

17. 您的性别:□男　　　□女

18. 您的月收入:□低于 1 000　　□1 001～2 000　　□2 001～3 000
　　　　　　　□3 001～5 000　□5 001～10 000　□高于 10 000

19. 您的受教育程度:□硕士及以上　　□本科　　□专科
　　　　　　　　　□高中　　　　□初中　　□小学以下

20. 家庭状况:□单身　　□两口之家　□三口之家
　　　　　　□四口之家或更多

21. 您来自的省份＿＿＿＿＿

参考文献

A：专著、论文集、学位论文、报告

［1］白光润.生态旅游［M］.福州：福建人民出版社,2002.

［2］陈耀邦.可持续发展战略读本［M］.北京：中国计划出版社,1996.

［3］戴维·皮尔斯.世界无末日［M］.北京：中国财政经济出版社,1996.

［4］高峻.生态旅游学［M］.北京：高等教育出版社,2010.

［5］郭守前.资源特性与制度安排［M］.北京：中国经济出版社,2004.

［6］贾竞波.保护生物学［M］.北京：高等教育出版社,2011.

［7］刘培哲.可持续发展理论与中国 21 世纪议程［M］.北京：气象出版社,2001.

［8］卢云亭,王建军.生态旅游学［M］.北京：旅游教育出版社,2001.

［9］世界环境与发展委员会.我们共同的未来［M］.北京：世界知识出版社,1989.

［10］汪华斌,周玲.生态旅游开发［M］.北京：科学出版社,2000.

［11］徐国祯,李维长.社会林业［M］.北京：中国林业出版社,2002.

［12］叶文虎.可持续发展思想：理论与方法的再思考［R］.北京：中国 21 世纪议程管理中心,1995.

［13］张建萍.生态旅游［M］.北京：中国旅游出版社,2008.

［14］杨桂华,钟林生.生态旅游［M］.北京：高等教育出版社.2000.

［15］Bateman I J, Carson R T, Day B, et al. Economic valuation with stated preference techniques：A manual［R］. Northampton, MA, USA：Cheltenham, UK：Edward Elgar, 2002.

［16］Bateman I J, Turner R K. Valuation of environment, methods and techniques：the contingent valuation method［A］Kerry Turner R, editor. Sustainable environmental economics and management：principles and practice［C］. London：Belhaven Press, 1993.

［17］Ben-Akiva M E. Structure of passenger travel demand models［M］. MIT, Cambridge, Massachusetts, 1973.

［18］Hanley N, Shogren J F, White B. Environmental economics in theory and practice［M］. England：Macmillan, 1997.

［19］Hotelling H. "Letter." In An Economic Study of the Monetary Evaluation of Recreation in the National Parks［M］. Washington：National Park Service, 1949.

［20］McFadden D. Conditional logit analysis of qualitative choice behaviour［A］. Zarembka P

(Ed.). Frontiers in Econometrics[C]. New York：Academic Press，1974.

[21] McClelland G H，Schulze W D，Lazo J K，et al. Methods for measuring the non-use values：a contingent valuation study of the groundwater cleanup[R]. draft report to USEPA，Center for Economic Analysis，University of Colorado，Boulder，Colorado，1992.

[22] McConnell K E. Existence and Bequest Value. In：Rowe，R. D. and L. Chestnut (eds). Quality and Scenic Resources at National Parks and Wildlife Areas[M]. Boulder：Westview Press，1983.

[23] Meadows D H，Randers J，D L Meadows. The Limits to Growth，The 30-Years Update[M]. White River Junction，Vermont：Chelsea Green Publishing Company，2004.

[24] Mitchell R C，Carson R T. A contingent valuation estimate of national freshwater benefits：technical report to the U. S[M]. Environmental Protection Agency. Washington：Resources for the Future，1984.

[25] Mitchell R C，Carson R T. Using surveys to value public goods：the contingent valuation method[M]. Washington：Resource for the Future，1989.

[26] Moran D，D Pearce. The Value of Biodiversity[M]. London：Earthscan Publications，1994.

[27] World Commission on Environment and Development. Our Common Future[M]. Oxford：Oxford University Press，1996.

[28] Van Ierland EC，De Man NYH，Becht JAR. Sustainable ecosystems in Europe：An economic analysis for river systems and mountainous areas. In：Sprengers SA，Nienhuis PH，lias P[R]. Report of the Work shop Sustainability of Ecosystems：Ecological and Economic Factors，1995：27-29.

[29] 戴科伟.江苏盐城湿地珍禽国家级自然保护区生态安全研究[D].南京：南京师范大学,2007.

[30] 候国林.基于社区参与的湿地生态旅游可持续开发模式研究——以盐城海滨湿地国家级自然保护区为例[D].南京：南京师范大学,2006.

[31] 李作志.滨海旅游资源经济价值评价模型研究[D].大连：大连理工大学.2010.

[32] 刘彩霞.峨眉山风景名胜区旅游资源经济价值[D].成都：西南交通大学,2008.

[33] 刘亚萍.生态旅游区游憩资源经济价值评价研究——以武陵源风景区和黄果树风景区为例进行实证分析[D].长沙：中南林业科技大学,2007.

[34] 张红霞.宏村古村落游憩价值及旅游开发的环境影响价值评估[D].芜湖：安徽师范大学.2006：54-65.

[35] 张春慧.地质公园旅游资源价值评估实证研究[D].兰州：兰州大学,2008.

[36] Carson R T. Three essays on contingent valuation Welfare economics，non-market goods，water quality[D]. PhD Thesis. Berkeley：Department of Agricultural and Resource Economics，University of California，1985.

[37] Czaja R，Blair J. Designing Surveys：A Guide to Decisions and Procedure[D]. Chongqing：Chongqing University Publishing House，2007.

[38] Davis R. The value of outdoor recreation：an economic study of the marine woods[D]. PhD Thesis. Harvard University，1963.

[39] Venkatachalam L. Economic valuation of water used in the household sector：a contingent valuation approach in a developing country context[D]. Chennai：University of Madras，2000.

B：期刊文章

[1] 艾盛运,高岗,等.武夷山国家风景名胜区游憩效益的评价[J].北京林业大学(社会科学版),1996,15(3)：59-97.

[2] 敖长林,李一军,等.基于CVM的三江平原湿地非使用价值评价[J].生态学报,2010,30(23)：6470-6477.

[3] 蔡银莺,张安录.武汉市石榴红农场休闲景观的游憩价值和存在价值估算[J].生态学报,2008,28(3)：1201-1209.

[4] 蔡银莺,张安录.城郊休闲农业景观地游憩价值估算[J].中国土地科学,2007,21(5)：27-35.

[5] 查爱苹,邱洁威,姜红.旅行费用法若干问题研究[J].旅游学刊,2010,25(1)：37-42.

[6] 查爱苹,邱洁威.条件价值法评估旅游资源游憩价值的效度检验——以杭州西湖风景名胜区为例[J].人文地理,2016(1)：154-160.

[7] 陈砺.新疆石河子地区旅游资源价值评价研究[J].干旱区资源与环境,2010,24(3)：131-134.

[8] 程乾,付俊.基于游人感知的古村落旅游资源评价研究[J].经济地理,2010,30(2)：329-333.

[9] 董雪旺,张捷,等.条件价值法中的偏差分析及有效性和可靠性检验——以九寨沟游憩价值评估为例[J].地理学报,2011,66(2)：267-278.

[10] 董雪旺,张捷,等.旅行费用法在旅游资源价值评估中的若干问题述评[J].自然资源学报,2011,26(1)：1983-1997.

[11] 郭剑英,王乃昂.敦煌旅游资源非使用价值评估[J].资源科学,2005,27(5)：188-192.

[12] 郭剑英,王乃昂.旅游资源的旅游价值评估——以敦煌为例[J].自然资源学报,2004,19(6)：811-817.

[13] 郝伟罡,李畅游,等.自然保护区游憩价值评估的分组旅行费用区间分析法[J].旅游学刊,2007,22(7)：23-28.

[14] 候国林,黄震方,等.江苏盐城海滨湿地社区参与生态旅游开发模式研究[J].人文地理,2007(6)：124-128.

[15] 黄茂祝,徐波,等.汤旺河国家公园游憩价值评价研究[J].森林工程,2009,25(6)：18-21.

[16] 黄云.基于模糊综合评价法的闽都民俗文化旅游资源对比研究——以永泰御温泉和三坊七巷为例[J].长沙大学学报,2011,25(4):33-35.

[17] 李翠林,孙宝生.新疆四台硅化木恐龙国家地质公园开发研究[J].干旱区资源与环境.2011,25(2):195-200.

李洪波,李燕燕.武夷山自然保护区生态旅游资源非使用性价值评估[J].生态学杂志,2010,29(8):1639-1645.

[18] 李东和,张结魁.论生态旅游的兴起及其概念实质[J].地理学与国土研究,1999,15(2):75-79.

[19] 李娜,潘文.用旅行费用区间分析法评估神农架自然保护区游憩价值[J].生态经济,2010(1):35-38.

[20] 李巍,李文军.用改进的旅行费用法评估九寨沟的游憩价值[J].北京大学学报(自然科学版),2003,39(4):548-555.

[21] 梁锦梅.生态地开发与管理研究[J].经济地理,2001,21(5):629-632.

[22] 罗必良."奥尔森困境"及其困境[J].学术研究,1999(9):8-11.

[23] 刘亚萍.百里杜鹃风景名胜区游憩价值和煤炭价值的估算及比较[J].资源科学,2009,31(8):1438-1446.

[24] 吕君,汪宇明,刘丽梅.草原生态系统旅游价值的评估——以内蒙古自治区四子王旗为例[J].旅游学刊,2006,21(8):69-74.

[25] 马艺芳.旅游城市生态评价方法比较分析与实证研究——以广西桂林为例[J].林业资源管理.2009,2(1):76-82.

马建章,程鲲.自然保护区生态旅游对野生动物的影响[J].生态学报,2008,28(8):2316-2322.

[26] 宁奉菊,陈方英,等.基于旅行费用法的环泰山带旅游资源游憩价值评估[J].泰山学院学报,2011,33(4):95-99.

[27] 钱薏红.制度创新:中国自然保护区可持续经营的根本[J].中国人口资源与环境,2001,11(2):35-37.

[28] 施德群,张玉钧.旅行费用法在游憩价值评估中的应用[J].北京林业大学学报(社会科学版),2010,9(3):69-74.

[29] 苏胜强,黄祖辉.可持续发展理论及其基本模式[J].农业现代化研究,1999,20(1):8-12.

[30] 田雪,李俊梅,等.用改进的旅行费用法评估红嘴鸥对昆明滇池草海大堤游憩价值的影响[J].云南大学学报(自然科学版),2010,32(S1):411-415.

[31] 王凤珍,周志翔,郑忠明.武汉市典型城市湖泊湿地资源非使用价值评价[J].生态学报,2010,30(12):3261-3269.

[32] 王洪桥,孟祥君,等.吉林省旅游资源的基本特征及空间结构分析[J].干旱区资源与环境.2012,26(7):190-194.

[33] 王朋薇,贾竞波.生态旅游资源非使用价值评估——以达赉湖自然保护区为例[J].生态

学报,2012,32(3)：955－963.

[34] 王朋薇,钟林生.审议货币评估与条件价值法的比较和应用——以达赉湖自然保护区为例[J].旅游科学,2016,30(6)：12－21.

[35] 王朋薇,钟林生.协商货币评估法在生态系统服务价值评估中的应用研究——国外研究内容、面临的挑战及启示[J].生态学报,2018(15)：5279－5286.

[36] 王朋薇,韩丽荣,等.协商式CVM在资源非使用价值评估中的应用研究——以达赉湖自然保护区为例[J].资源科学,2017,39(5)：902－910.

[37] 肖建红,于庆东,等.基于CVM的旅游相关资源价值评估总体范围扩展方法研究[J].自然资源学报,2013,28(9)：1623－1636.

[38] 谢双玉,訾瑞昭,等.旅行费用区间分析法与分区旅行费用法的比较及应用[J].旅游学刊,2008,23(2)：41－45.

[39] 谢屹,温亚利.浅谈参与式发展理论在自然保护中的运用[J].林业调查规划,2005,30(6)：81－83.

[40] 许抄军,罗能生,等.历史文化古城游憩利用价值评估——以凤凰古城为例[J].经济地理,2006,26(3)：521－525.

[41] 许丽忠,吴春山,等.条件价值法评估旅游资源非使用价值的可靠性检验[J].生态学报,2007,27(10)：4301－4309.

[42] 许丽忠,钟满秀,等.环境与资源价值CVM评估预测有效性研究进展[J].自然资源学报,2012,27(8)：1421－1430.

[43] 许丽忠,杨净,等.应用后续确定性问题校正条件价值评估——以福建省鼓山风景名胜区非使用价值评估为例[J].自然资源学报,2012,27(10)：1778－1787.

[44] 徐菲菲,杨达源,等.基于层次熵分析法的湿地生态旅游评价研究——以江苏盐城丹顶鹤湿地自然保护区为例[J].经济地理,2005,25(5)：707－719.

[45] 徐中民,张志强,等.额济纳旗生态系统服务恢复价值评估方法的比较与应用[J].生态学报,2003,23(9)：1841－1850.

[46] 游巍斌,何东进,等.基于条件价值法的武夷山风景名胜区遗产资源非使用价值评估[J].资源科学,2014(9)：1880－1888.

[47] 赵彩龙,阎顺,等.新疆赛里木湖地质公园旅游开发研究[J].干旱区地理.2009,32(4)：638－644.

[48] 赵强,李秀梅,等.旅行费用法研究[J].济南大学学报(自然科学版),2008,22(2)：213－219.

[49] 赵玲,王尔大,等.ITCM在我国游憩价值中的应用及改进[J].旅游学刊,2009,24(3)：63－69.

[50] 庄大昌.基于CVM的洞庭湖湿地资源非使用价值评估[J].地域研究与开发,2006,25(2)：105－111.

[51] 肖建红,于庆东,等.舟山普陀旅游金三角游憩价值评估[J].长久流域资源与环境,2011,20(11)：1327－1333.

[52] 谌莉,杨兆萍,等.旅游对喀纳斯村图瓦社区影响的对层次灰色评价[J].中国软科学,2009(2):91-97.

[53] 张茵,蔡运龙.基于分区的多目的地 TCM 模型及其在游憩资源价值评估中的应用——以九寨沟自然保护区为例[J].自然资源学报,2004,19(5):651-661.

[54] 周颖,周清波,等.意愿价值评估法应用于农业生态补偿研究进展[J].生态学报,2015(24):7955-7964.

[55] 张志强,徐中民,等.条件价值法的发展与应用[J].地球科学进展,2003,18(3):454-463.

[56] 周彬,赵旭东,等.渔文化旅游资源开发潜力评价研究——以浙江省象山县为例[J].长江流域资源与环境,2011,20(12):1440-1445.

[57] 周慧滨,左旦平.旅行成本法在我国应用中存在的几个问题[J].自然资源学报,2006,21(3):489-499.

[58] Adamowicz W L, Bhardwaj V, et al. Experiments on the difference between willingness to pay and willingness to accept[J]. Land Economics, 1993, 70(4): 520-522.

[59] Adamowicz W L. Habitat formation and variety seeking in a discrete choice model of recreation demand[J]. Journal of Agricultural and Resource Economics, 1994, 19(1): 19-31.

[60] Agardy M T. Accommodating Ecotourism in Multiple Use Planning of Coastal and Marine Protected Areas[J]. Ocean and Coastal Management, 1993, 20(3): 219-239.

[61] Ajzen I, Brown T C, et al. Information bias in contingent valuation: effects of personal relevance, quality of information, and motivational orientation [J]. Journal of Environmental Economics and Management, 1996, 30(1): 43-57.

[62] Alvarez-Farizo B, Hanley N, et al. The value of leisure time: A contingent rating approach[J]. Journal of Environmental Planning and Management, 2001, 44(5): 681-699.

[63] Asafu-Adjaye J, Tapsuwan S. Contingent valuation study of scuba diving benefits: Case styudy in Mu Ko Similan Marine National Park, Thailand[J]. Tourism Management, 2008, 29(1): 1122-1130.

[64] Bandara R, Tisdell C. Comparison of rural and urban attitudes to the conservation of Asian elephants in Sri Lanka: empirical evidence[J]. Biological Conservation, 2003, 110(3): 327-342.

[65] Baral N, Gautam R, et al. Conservation implications of contingent valuation of critically endangered white-rumped vulture Gyps bengalensis in South Asia[J]. The International Journal of Biodiversity Science and Management, 2007, 3(3): 145-156.

[66] Baral N, Stern M J, et al. Contingent valuation of ecotourism in Annapurna conservation area, Nepal: Implications for sustainable park finance and local development [J]. Ecological Econimics, 2008, 66(2-3): 218-227.

［67］Bateman I J, Munro A, et al. Does part – whole bias exist? An experimental investigation［J］. Economic Journal, 1997, 107(3)：322 – 332.

［68］Bergsrtom J C, Stoll J R, et al. The impact of information on environmental commodity valuation decisions［J］. American Journal of Agricultural Economics, 1990（72）：614 – 621.

［69］Beal D. A travel cost analysis of the value of Carnarvon Gorge National Park for recreational use［J］. Review of Marketing and Agricultural Economics, 1995c, 63(2)：292 – 303.

［70］Beal D. The cost of time in travel cost analyses of demand for recreational use of natural areas［J］. Australian Journal of Leisure and Recreation, 1995a, 5(1)：9 – 13.

［71］Bishop R C, Heberlein T A. Measuring values of extra-market goods：are indirect measures biased? ［J］. American Journal of Agricultural Economics, 1979（61）：926 – 930.

［72］Boyle K J, Johnson F R, et al. Valuing public goods：discrete versus continuous contingent-valuation responses［J］. Land Economics, 1996, 72(3)：381 – 396.

［73］Boyle K J. Measuring natural resource damages with contingent valuation：tests of validity and reliability［J］. Contributions to Economic Analysis, 1993(220)：91 – 159.

［74］Boyle K J, Desvousges W H, et al. An investigation of part – whole biases in contingent-valuation studies［J］. Journal of Environmental Economics and Management, 1994(27)：64 – 83.

［75］Boyle K J, Welsh M P, et al. The role of question order and respondent experience in contingent valuation studies［J］. Journal of Environmental Economics and Management, 1993(95)：80 – 90.

［76］Brown T C, Gregory R. Why the WTA – WTP disparity matters［J］. Ecological Economics, 1999, 28(3)：323 – 335.

［77］Brown G, Mendelsohn R. The hedonic travel cost method［J］. The review of Economics and Statistics, 1984, 66(3)：427 – 433.

［78］Brown W G, Nawas F. Impact of aggregation on the estimation of outdoor recreation demand functions［J］. American Journal of Agricultural Economics, 1973（55）：246 – 249.

［79］Brookshire D S, Eubanks D S, et al. Estimating option price and existence values for wildlife resources［J］. Land Economics, 1983, 59(1)：1 – 15.

［80］Brookshire D S, Coursey D L. Measuring the value of a public good：an empirical comparison of elicitation procedures［J］. American Economic Review, 1987（77）：554 – 566.

［81］Brown T C, Champ P A, et al. Which response format reveals the truth about donations to a public good? ［J］. Land Economics, 1996(72)：152 – 166.

[82] Bockstael N, Strand I, et al. Time and the recreational demand model[J]. American Journal of Agricultural Economics, 1987, 69(2): 293 - 302.

[83] Bohman J. Survey article: the coming of age of deliberative democracy[J]. The Journal of Political Philosophy, 1998, 6(4): 400 - 425.

[84] Buckley R. A framework for Ecotourism[J]. Annals of Tourism Research, 1994, 21(3): 661 - 669.

[85] Bunsea L, Rendon O, et al. What can deliberative approaches bring to the monetary valuation of ecosystem services? A literature review[J]. Ecosystem Services, 2015(14): 88 - 97.

[86] Butler R. Tourism, Environment and Sustainable Tourism Development[J]. Tourism Management, 1990(18): 201 - 209.

[87] Capps O Jr, Kramer R A. Analysis of food stamp participation using qualitative choice models[J]. American Journal of Agricultural Economics, 1985, 67(1): 49 - 59.

[88] Carson R T, Flores N E, et al. Contingent valuation and revealed preference methodologies: comparing the estimates for quasi-public goods[J]. Land Economics, 1996(72): 80 - 99.

[89] Carson R T, Flores N E, et al. Contingent valuation: controversies and evidence[J]. Environmental and Resource Economics, 2001(19): 173 - 210.

[90] Carr L, Mendelsohn R. Valuing coral reefs: A travel cost analysis of the Great Barrier Reef[J]. Ambio, 2003, 32(5): 353 - 357.

[91] Casey J, Tomislav V, et al. The economic value of hiking: Further considerations of opportunity cost of time in recreation demand models[J]. Journal of Agriculture and Applied Economics, 1995, 27(2): 658 - 668.

[92] Ciriacy-Wantrup S V. Capital returns from soil conservation practices[J]. Journal of Farm Economics, 1947, 29(4): 1181 - 1196.

[93] Cesario F. Value of time in recreation benefit studies[J]. Land Economics, 1976, 52(1): 32 - 41.

[94] Cesario F, Knetsch J. Time bias in recreation benefit studies[J]. Water Resources Research, 1970, 6(3): 700 - 704.

[95] Chae D R, Wattage P, et al. Recreational benefits from a marine protected area: A travel cost analysis of Lundy[J]. Tourism management, 2012, 33(4): 971 - 977.

[96] Chaudhry P, Tewari V P. A comparison between TCM and CVM in assessing the recreational use value of urban forestry[J]. International Forestry Review, 2006, 8(4): 439 - 448.

[97] Champ P A, Bishop R S, Brown T C, et al. Using donation mechanisms to value nonuse benefits from public goods[J]. Journal of Environmental Economics and Management, 1997, 33(2): 151 - 162.

［98］ Chen W Y, Jim C Y. Cost-benefit analysis of the leisure value of urban greening in the new Chinese city of Zhuhai［J］. Cities, 2008, 25(5): 298 - 309.

［99］ Chen W Q, Hong H S, et al. Recreation demand and economic value: An application of travel cost method for Xiamen Island［J］. China Econimic Review, 2004(15): 398 - 406.

［100］ Coase R. The problem of social coast［J］. Journal of Law and Economics, 1960(3): 1 - 44.

［101］ Coursey D L, Hovis J L, et al. The disparity between willingness to accept and willingness to pay measures of value［J］. The Quarterly Journal of Economics, 1987, 102(3): 679 - 690.

［102］ Diamond P A, Hausman J A, et al. Does contingent valuation measure preferences? Experimental evidence［A］ Hausman JA (editor) Contingent valuation: a critical assessment［C］. Amsterdam: North Holland, 1993: 41 - 85.

［103］ Diamond P A, Hausman J A. On contingent valuation measurement of non-use values ［A］. Hausman JA, editor. Contingent valuation: a critical assessment ［C］. Amsterdam: North Holland, 1993: 3 - 38.

［104］ Diamond P A, Hausman J A. Contingent valuation: is some number better than no number? ［J］. Journal of Economic Perspectives, 1994(8): 45 - 64.

［105］ de Mendonça M J C, Sachsida A, et al. A study on the valuing of biodiversity: the case of three endangered species in Brazil［J］. Ecological Economics, 2003, 46(1): 9 - 18.

［106］ Downing M, Ozuna Jr T. Testing the reliability of the benefit function transfer approach［J］. Journal of Environmental Economics and Management, 1996 (30): 316 - 322.

［107］ Duffield J W, Paterson D A. Inference and optimal design for a welfare measure in dichotomous choice contingent valuation［J］. Land Economics, 1991(67): 225 - 239.

［108］ Englin J, Mendelsohn R. A hedonic travel cost analysis for valuation of multiple components of site quality: The recreation value of forest management［J］. Journal of Environmental Economics and Management, 1991, 21(3): 275 - 290.

［109］ Farber S C, Costanza R, et al. Economic and ecological concepts for valuing ecosystem services［J］. Ecological Economics, 2002, 41(3): 375 - 392.

［110］ Feather P, Shaw W D. Estimating the cost of leisure time for recreation demand models［J］. Journal of Environmental Economics and Management, 1999, 38 (1): 49 - 65.

［111］ Fennell D. A content analysis of ecotourism definition［J］. Current Issues in Tourism, 2001(4): 403 - 421.

［112］ Fisher A C, Hanemann W M. Quasi-option value: Some misconceptions dispelled［J］. Enviro. Eco. & Manage, 1987, 14 (2): 183 - 190.

［113］ Fleming C M, Cook A. The recreational value of Lake McKenzie, Fraser Island: An

application of the travel cost method[J]. Tourism Management, 2008, 29 (6):
1197 - 1205.

[114] Forster B A. Valuing outdoor recreational activity: a methodological survey[J]. Journal
of Leisure Research, 1989, 21(2): 181 - 201.

[115] Foster V, Bateman I J, et al. Real and hypothetical willingness to pay for
environmental preservation: a non-experimental comparison[J]. Journal of Agricultural
Economics, 1997, (48): 123 - 138.

[116] Freeman A. The Quasi-option Value of Irreversible Development[J]. Enviro. Eco. &
Manage, 1984, 11(3): 292 - 295.

[117] Grala R K, Tyndall J C, et al. Willingness to pay for aesthetics associated with field
windbreaks in Iowa, United States[J]. Landscape and Urban Planning, 2012(108):
71 - 78.

[118] Greenley D A, Walsh R G, et al. Option value: empirical evidence from a case study of
recreation and water quality[J]. Quarterly Jounal of Economics, 1981, 96 (4):
657 - 673.

[119] Griffin C C, Briscoe J, et al. Contingent valuation and actual behavior: predicting
connections to new water systems in the state of Kerala, India[J]. The World Bank
Economic Review, 1995(9): 373 - 395.

[120] Hanemann W M. Welfare evaluations in contingent valuation experiments with discrete
responses[J]. American Journal of Agricultural Economics, 1984, 66(3): 332 - 341.

[121] Hanemann M W. Willingness to pay and willingness to accept: how much can they
differ? [J]. American Economic Review, 1991(81): 635 - 647.

[122] Hanemann M W. Valuing the environment through contingent valuation[J]. Journal of
Economic Perspectives, 1994, 8(1): 19 - 43.

[123] Harrison G W. Valuing public goods with the contingent valuation method: a critique
of Kahneman and Knestch[J]. Journal of Environmental Economics and Management,
1992(23): 248 - 257.

[124] Halkos G, Matsiori S. Determinants of willingness to pay for coastal zone quality
improvement[J]. The Journal of Socic-Economics, 2012, 41(4): 391 - 399.

[125] Haspel A, Johnson F R. Multiple destination trip bias in recreation benefit estimation
[J]. Land Economics, 1982, 58(3): 364 - 372.

[126] Hoen J P, Randall A. A satisfactory benefit cost indictor from contingent valuation[J].
Journal of Environmental Economics and Management, 1987(14): 57 - 70.

[127] Hoehn J P, Randall A. Too many proposals pass the benefit cost test[J]. American
Economic Review, 1989(79): 544 - 551.

[128] Honey M S. Treading lightly? Ecotourism's impact on the environment. Environment
[J]. Science and Policy for sustainable Development, 1999, 41(5): 4 - 9.

[129] Horowitz J K, McConnell K E. A review of WTA/WTP studies[J]. Journal of Environmental Economics andManagement, 2002(44): 426-447.

[130] Ikeuchia A, Tsujia K, Yoshikanea F, et al. Double-bounded Dichotomous Choice CVM for Public Library Services in Japan[J]. Procedia - Social and Behavioral Sciences, 2013 (73): 205-208.

[131] Kahneman D, Knestch J L. Valuing public goods: the purchase of moral satisfaction [J]. Journal of Environmental Economics and Management, 1992(22): 57-70.

[132] Kahneman D, Tversky A. Prospect theory: an analysis of decisions under risk[J]. Econometrica, 1979(47): 263-291.

[133] Kanaan G, Day H. Recreational demand at lakes and reservoirs[J]. Journal of the Urban Planning and Development Division, 1973, 99(2): 265-269.

[134] Kanninen B J. Optimal experimental design for double-bounded dichotomous choice contingent valuation[J]. Land Economics, 1993(69): 138-146.

[135] Kealy M J, Montgomery M, Dovidio J F. Reliability and predictive validity of contingent values: does the nature of the good matter? [J]. Journal of Environmental Economics and Management, 1990(19): 244-263.

[136] Kenter J O, Jobstvogt N, et al. The impact of information, value-deliberation and group-based decision-making on values for ecosystem services: Integrating deliberative monetary valuation and storytelling[J]. Ecosystem Services , 2016(21): 270-290.

[137] Kinnaird M F, O'Brien T G. Ecotourism in Tangkoko Duasudara Nature Reserve: Opening Pandora's Box[J]. Oryx, 1996 30 (1): 65-73.

[138] Kirchhoff S, Colby B G, et al. Evaluating performance of benefit transfer: an empirical enquiry[J]. Journal of Environmental Economics and Management, 1997 (33): 75-93.

[139] Knestch J L, Sinden J A. Willingness to pay and compensation demanded: experimental evidence of an unexpected disparity in measures of values[J]. Quarterly Journal of Economics, 1984(99): 507-521.

[140] Kuosmanen T, Nillesen E, et al. Does ignoring multidestination trips in the travel cost method cause a systematic bias? [J]. The Australian Journal of Agricultural and Resource Economics, 2004, 48(4): 29-65.

[141] Lancaster K J. A new approach to consumer theory[J]. The Journal of Political Economy, 1966, 74(2): 132-157.

[142] Larson D M. On measuing existence value[J]. Land Economics, 1993, 69 (4): 377-388.

[143] Larson D, Shaikh S, et al. Revealing preferences for leisure time from stated preference data[J]. American Journal of Agricultural Economics, 2004, 86 (2): 307-320.

[144] Laughland A S, Musser W N, et al. Construct validity of averting cost measures of environmental benefits[J]. Land Economics, 1996, 72(1): 100 - 112.

[145] Lee C K, Han S Y. Estimating the use and preservation values of national parks' tourism resources using a contingent valuation method[J]. Tourism Management, 2002, 23(5): 531 - 540.

[146] Lee H C, Chun H S. Valuing environmental quality change on recreational hunting in Korea: A contingent valuation analysis[J]. Journal of Environmental Management, 1999, 57(1): 11 - 20.

[147] Lee C K, Mjelde J W. Valuation of ecotourism resources using a contingent valuation method: the case of the Korean DMZ[J]. Ecological Economics, 2007, 63(2 - 3): 511 - 520.

[148] Lee J S. Measuring the benefits of the intangible cultural heritage hall in Jeonju Korea: Results of a Contingent valuation survey[J]. Journal of Cultural Heritage, 2015(16): 236 - 238.

[149] Lew D, Larson D. Accounting for stochastic shadow values of time in discrete-choice recreation demand models[J]. Journal of Environmental Economics and Management, 2005, 50(2): 341 - 361.

[150] Lienhoop N, Mncmillan D. Contingent valuation: comparing participant performance in group-based approaches and personal interviews[J]. Environ. Values, 2007, 16(2): 209 - 231.

[151] Lienhoop N, MacMillan D. Valuing wilderness in Iceland: estimation of WTA and WTP using the market stall approach to contingent valuation[J]. Land Use Policy, 2007, 24(1): 289 - 295.

[152] Lo A Y, Jim C Y. Willingness of residents to pay and motives for conversation of urban green spaces in the compact city of Hong Kong. Urban Forestry and Urban Greening[J], 2010, 9(2): 113 - 120.

[153] Lockwood M, Tracy K. Nonmarket economic valuation of an urban recreation park[J]. Journal of Leisure Research, 1995, 27(2): 155 - 168.

[154] Loomis J B, Yorizane S, et al. Testing significance of multi-destination and multi-purpose trips effects in a travel cost method demand model for whale watching trips[J]. Agricultural and Resource Economics Review, 2000(29): 183 - 191.

[155] Loomis J B. Comparative reliability of the dichotomous choice and open-ended contingent valuation techniques [J]. Journal of Environmental Economics and Management, 1990(18): 78 - 85.

[156] Loomis J B, Gonzalez-Caban A, et al. Do remainders of substitutes and budget constraints influence contingent valuation estimates? [J]. Land Economics, 1994(70): 499 - 506.

[157] Macmillan D C, Philip L, et al. Valuing the no-market benefits of wild goose conservation: a comparison of interview and group-based approaches[J]. Ecological Economics, 2002(43): 49 - 59.

[158] MacMillan D, Hanley N, et al. Contingent valuation: Environmental polling or preference engine? [J]. Ecological Economics, 2006(40): 299 - 307.

[159] Madani Sh, Ahmadian M, et al. Estimating Total Economic value of Coral Reefs of Kish Island (Persian Gulf)[J]. Environment Research Journal. 2010, 6(1): 51 - 60.

[160] Maharana L, Rai S C, et al. Environmental economics of the Khanghchenddzoga National Park in the Sikkim Himalaya, India[J]. Geojournal. 2000, 50(4): 329 - 337.

[161] Malloy D C, Fennell D A. Ecotourism and Ethics: Moral Development and Organizational Culture[J]. Journal of Travel Research, 1998, 36(4): 47 - 56.

[162] McFadden D. Contingent valuation and social choice [J]. American Journal of Agricultural Economics, 1994(76): 689 - 708.

[163] Moore S D, Wilkosz M E, et al. The recreation impact of reducing the "laughing waters" of Aravaipa Creek, Arizona[J]. Rivers, 1990, 1(1): 43 - 50.

[164] Mudiyanselage R. Rathnayake W. Pricing the enjoyment of 'elephant watching' at the Minneriya National Park in Sri Lanka: An analysis using CVM [J]. Tourism Management Perspectives, 2016(18): 26 - 33.

[165] National Oceanic and Atmospheric Administration. Report of the NOAA Panel on contingent valuation[J]. Federal Register, 1993(58): 4602 - 4614.

[166] Neill H R. The context for substitutes in CVM studies: some empirical observations [J]. Journal of Environmental Economics and Management, 1995(29): 393 - 397.

[167] Neill H R, Cummings R G, et al. Hypothetical surveys and real economic commitments[J]. Land Economics, 1994(70): 145 - 154.

[168] Niklitschek M, Len J. Combining intended demand and yes/no responses in the estimation of contingent valuation models[J]. Journal of Environmental Economics and Management, 1996, 31(3): 387 - 402.

[169] Jin J J, Wang Z S, et al. Comparison of contingent valuation and choice experiment in solid waste management programs in Macao[J]. Ecological Economics, 2006 (57): 430 - 441.

[170] John Krutilla, Conservation Reconsidered[J]. The American Economic Review, 1967, 57 (4): 777 - 786.

[171] Jones N, Malesios C, Botetzagias I. The influence of social capital on willingness to pay for the environment among European citizens[J]. European Societies, 2009, 11(4): 511 - 530.

[172] Kenter J O, Hyde T, Christie M, et al. The importance of deliberation in valuing ecosystem services in developing countries — Evidence from the Solomon Islands[J].

Global Environmental Change, 2011(21): 505 - 521.

[173] Kenter J O, Jobstvogt N, et al. The impact of information, value-deliberation and group-based decision-making on values for ecosystem services: Integrating deliberative monetary valuation and storytelling[J]. Ecosystem Services , 2016(21): 270 - 290.

[174] Kotchen M J, Reiling S D. Environmental attitudes, motivations, and contingent valuation of nonuse values: a case study involving endangered species[J]. Ecological Economics, 2000, 32(1): 93 - 107.

[175] Kutay K. The New Ethic in Adventure Travel. Buzzworm[J]. The Environmental Journal, 1989, 1(4): 30 - 36.

[176] Lee C L, Han S Y. Estimatin the use and preservation values of national parks' tourism resources using a contingent valuation method [J]. Tourism Management, 2002, 23(5): 531 - 540.

[177] Lo A Y, Jim C Y. Willingness of residents to pay and motives for conversation of urban green spaces in the compact city of Hong Kong[J]. Urban Forestry and Urban Greening, 2010, 9(2): 113 - 120.

[178] Parsons G R, Wilson A J. Incidental and jonint consumption in recreation demand[J]. Agicultural and Resource Economics Review, 1997, 26(1): 1 - 6.

[179] Pearse P H. A new approach to the evaluation of non-priced recreational resources[J]. Land Economics, 1968(44): 87 - 89.

[180] Pendleton L, Mendelsohn R. Estimating recreation preference using hedonic travel cost and random utility models[J]. Environmental and Resource Economics, 2000, 17(1): 89 - 108.

[181] Polyzou E, Jones N, et al. Willingness to pay for drinking water quality improvement and the influence of socialcapital[J]. The Journal of Socio-Economics, 2011, 40(1): 74 - 80.

[182] Portney P R. The contingent valuation debate: why economists should care[J]. Journal of Economic Perspectives, 1994, 8(1): 3 - 17.

[183] Prayaga P, Rolfe J, et al. A travel cost analysis of the value of special events: Gemfest in Central Queensland[J]. Tourism Economics, 2006, 12(3): 403 - 420.

[184] Teisl M F, Boyle K J, et al. Test - retest reliability of contingent valuation with independent sample pretest and posttest control groups [J]. American Journal of Agricultural Economics, 1995, 77(3): 613 - 619.

[185] Randall A, Ives B, et al. Bidding games for valuation of aesthetic environmental improvements[J]. Journal of Environmental Economics and Management, 1974(1): 132 - 149.

[186] Ready R C, Buzby J C, et al. Differences between continuous and discrete contingent value estimates[J]. Land Economics, 1996(72): 397 - 411.

[187] Ren X. A Probe into Community Participation Managerial Mode of Natural Protection Zones: A Case Study of Jiuzhaigou NaturalReserve Zone[J]. Tourism Science, 2005 (3): 16 - 25.

[188] Sagoff M. Aggregation and deliberation in valuing environmental public goods: a look beyond contingent pricing[J]. Ecological Economics, 1998, 24(2/3): 213 - 223.

[189] Samuelson P. The pure theory of public expenditure. Review of Economics and Statistics[J]. 1954(36): 332 - 338.

[190] Seip K, Strand J. Willingness to pay for environmental goods in Norway: a contingent valuation study with real payment[J]. Environmental and Resource Economics, 1992 (2): 91 - 106.

[191] Schulze W D, d'Arge RC, et al. Valuing environmental commodities: some recent experiments[J]. Land Economics, 1981(57): 151 - 169.

[192] Shaw W D. Searching for the opportunity cost of an individual's time[J]. Land Economics, 1992, 68(1): 107 - 115.

[193] Shaw D. On-site samples' regression: Problems of non-negative integers, truncation, and endogenous stratification[J]. Journal of Econometrics, 1988(37): 211 - 223.

[194] Shogren J F, Shin S Y, et al. Resolving differences in willingness to pay and willingness to accept[J]. American Economic Review, 1994(84): 255 - 269.

[195] Shrestha R K, Stein T V, et al. Valuing nature-based recreation in public natural areas of the Apalachicola River region, Florida[J]. Journal of Environmental Management, 2007, 85(4): 977 - 985.

[196] Siderelis C, Moore R. Outdoor recreation net-benefit of rail trails[J]. Journal of Leisure Research, 1995, 27(4): 344 - 359.

[197] Sirakaya E. Attitudinal Compliance with Ecotourism Guidelines[J]. Annals of Tourism Research, 1997, 24(4): 919 - 950.

[198] Sirakaya E, McLellan R W. Modeling Tour Operations Voluntary Compliance with Ecotourism Principles: A Behavioral Approach[J]. Journal of Travel Research, 1998, 36(3): 42 - 55.

[199] Sirakaya E, Uysal M. Can Sanctions and Rewards Explain Conformance Behavior of Tour Operators with Ecotourism Guidelines? [J]. Journal of Sustainable Tourism, 1998, 5(4): 322 - 332.

[200] Smith C S, Mc Donald G T. Assessing the sustainability at the planning stage[J]. Journal of Environmental Management, 1998, (52): 15 - 37.

[201] Smith K V. Arbitrary values, good causes, and premature verdicts[J]. Journal of Environmental Economics and Management, 1992, 22(1): 71 - 89.

[202] Smith V K, Kaoru Y. Modeling recreation demand within a random utility framework [J]. Economics Letters, 1986, 22(4): 395 - 399.

［203］ Smith K V. Nonmarket valuation of environmental resources: an interpretative appraisal［J］. Land Economics, 1993, 69(1): 1 - 26.

［204］ Spash C L. Deliberative monetary valuation(DMV): Issues in combining economic and political processes to value environmental change［J］. Ecological Economics, 2007. 63(4): 690 - 699.

［205］ Spash C L Deliberative Monetary Valuation and the Evidence for a New Value Theory ［J］. Land Economics, 2008, 84(3): 469 - 488.

［206］ Szabó Z, Reducing protests responses by deliberative monetary valuation: Improving the validity of biodiversity valuation［J］. Ecological Economics, 2011(72): 37 - 44.

［207］ Valentine P S. Ecotourism and Nature Conservation: A Definition with Some Recent Developments in Micronesia［J］. Tourism Management, 1993, 14(2): 107 - 115.

［208］ Venkatachalam L. The contingent valuation method: a review［J］. Environmental Impact Assessment Review, 2004(24): 89 - 124.

［209］ Vip W, Subramanian S V, et al. Does social capital enhance health and well-being? Evidence from rural China［J］. Social Science and Medicine, 2007, 64(1): 35 - 49.

［210］ Völker M, Lienhoop N. Exploring group dynamics in deliberative choice experiments ［J］. Ecological Economics, 2016, 123(3): 57 - 67.

［211］ Wang P W, Jia J B. Tourists' willingness to pay for biodiversity conservation and environment protection, Dalai Lake protected area: Implications for entrance fee and sustainable management［J］. Ocean & Coastal Management, 2012(62): 24 - 33.

［212］ Wang Y, Zhang Y S. Air quality assessment by contingent valuation in Ji'nan, China ［J］. Journal of Environmental Management, 2009, 90(2): 1022 - 1029.

［213］ Wang Pengwei, Zhong Linsheng. Tourists' willingness to pay for protected area's ecotourism resource and influencing factors: A case of Dalai Lake protected area［J］. Journal of Resources and Ecology, 2018, 9(2): 10 - 20.

［214］ Wall G. Ecotourism: Old Wine in New Bottles? ［J］. Trends, 1994, 31(2): 4 - 9.

［215］ Wallace G N. Wildlands and Ecotourism in Latin America［J］. Journal of Forestry, 1993(91): 37 - 40.

［216］ Walsh R G, Loomis J B, et al. Valuing option, existence and bequest demands for wilderness［J］. Land Economics, 1984, 60(1): 14 - 29.

［217］ Walsh R G, Johnson D M, et al. Benefit transfer of outdoor recreation demand studies: 1968 - 1988［J］. Water Resources Research, 1992, 28(3): 707 - 713.

［218］ Walsh R O, Loomis J B, et al. Valuing option, existence, and bequest demands for wilderness［J］. Land Economics, 1984(60): 14 - 29.

［219］ Wheeller B. Tourism's Troubled Times: Responsible Tourism is Not the Answer［J］. Tourism Management, 1991, 12(2): 91 - 96.

［220］ Whitehead J C, Finney S S. Willingness to pay for Submerged Maritime Cultural

Resources[J]. Journal of Cultural Economics, 2003, 27(3－4): 231－240.

[221] Whitten S, Bennett J. A travel cost study of duck hunting in the Upper South East of South Australia[J]. Australian Geographer, 2002, 33(2): 207－221.

[222] Whittington D. Administering contingent valuation surveys in developing countries[J]. World Development, 1998, 26(1): 21－30.

[223] Whittington D, Lauria D T, et al. A study of water vending and willingness to pay for water in Onitsha, Nigeria[J]. World Development, 1991(19): 179－198.

[224] Whittington D, Smith V K, et al. Giving respondents time to think in contingent valuation studies: a developing country application [J]. Journal of Environmental Economics and Management, 1992(22): 205－225.

[225] Whittington D, Briscoe J, et al. Estimating the willingness to pay for water services in developing countries: a case study of the contingent valuation in Southern Haiti[J]. Economic Development and Cultural Change, 1990(38): 293－312.

[226] Wight P. Ecotourism: Ethics or Eco-Sell? [J]. Journal of Travel Research, 1993, 31(3): 3－9.

[227] Williams P W. A Local Framework for Ecotourism Development [J]. Western Wildlands, 1992, 18(3): 14－19.

[228] Willig R D. Consumer's surplus without apology[J]. American Economic Review, 1976 (66): 589－597.

[229] Wilson J J, Lantz V A, et al. A benefit-cost analysis of establishing protected natural areas in New Brunswick, Canada[J]. Forest Policy and Economics, 2010, 12(2): 94－103.

[230] Zhang C P, Bai J F, et al. Consumers' willingness to pay for traceable pork, milk, and cooking oil in Nanjing, China[J]. Food Control, 2012, 27(1): 21－28.

索　引